Win
Un Instante de Gracia

El Éxito de tu Futuro es Centrarte en tu Presente

Mg. Dulce M. Roa

Título de la obra: Win Un Instante de Gracia
Nombre de la Autora: Dulce María Roa
Diseñadora Gráfica: Francesca Bertolin

Reservados todos los derechos.
Queda rigurosamente prohibida, sin la autorización escrita de los titulares del copyright, bajo las sanciones establecidas en las leyes, la reproducción parcial o total de esta obra, por cualquier medio o procedimiento, incluidos la reprografía y el tratamiento informático, así como la distribución de ejemplares mediante alquiler o préstamo públicos.

Caracas, Venezuela
www.productivedharma.com

ISBN 978-980-12-8948-7
Depósito Legal: MI2016000142

NOTA A LOS LECTORES

Un Instante de Gracia es un método empírico producto de años de estudio, reflexión, prácticas de meditación y otras diferentes habilidades terapéuticas, en el cual pretendemos alcanzar la coherencia de vida en el aquí y el ahora y en el momento histórico que nos ha correspondido vivir. Esta forma de vida se trata, primordialmente, de llegar a unificicarnos como seres íntegros, es decir no parcelados en sectores como pensar una cosa, sentir otra y en consecuencia hacer algo diferente a lo que se requiere para el momento, por lo mismo surge el estado de estrés por estar y ser incongruentes consigo mismos. La dualidad en el mundo seguirá existiendo como tal, mas el ser coherente en nuestra vida, es equitativo como *el estar en el mundo y no ser del mundo* (cf. Jn16-17).

Hemos considerado oportuno describir en algunos momentos a la Esencia Original como Unidad *Padre/Madre* partiendo de la convicción que El Generador del Universo como El Ser Uno y Todo, en el cual no existe polaridad, no hay diferencia de género, no hay izquierda ni derecha, etc., etc., pues en Él está el Todo, generador de la vida.

De igual manera, así como la semilla contiene a la esencia de la vida del árbol, se hace la analogía de la existencia del Hijo[1] quien existe desde la eternidad, confirmada en las Sagradas Escrituras:

> *Al principio existía la Palabra y la Palabra estaba junto a Dios, y la Palabra era Dios. 2 Ella existía al principio junto a Dios. 3 Todo existió por medio de ella, y sin ella nada existió de cuanto existe. 4En ella estaba la vida, y la vida era la luz de los hombres; 5 la luz brilló en las tinieblas, y las tinieblas no la comprendieron.* (Jn 1,5)

....

[1] No se pretende emitir un juicio, ni introducirnos en el Misterio Trinitario, ni competir en conceptos teológicos, es una forma de ver esta Unidad.

Este libro se dirige a todo aquella persona deseosa de tener relación directa con la divinidad, especialmente a los cristianos, que aun después de muchos o pocos años de considerarse fieles activos de una iglesia no han solidificado su fe y consideran que es tiempo para continuar aprendiendo y, sobretodo, para alcanzar madurez cristiana.

Se pretende vivir el cielo en la tierra. La fe y la esperanza del hombre son puestos definitivamente bajo el poder liberador del amor de Dios, *Él ha tomado la decisión de actuar la liberación definitiva en nosotros aquí y ahora, en nuestro presente.*

Todo lo que es saludable y verdadero en este libro es inspiración del Espíritu Santo, a Él el honor y la Gloria. *De ti venimos y a ti vamos.* Amigo lector, si encontrases en estas páginas algo no verdadero o sano a mi me corresponde, y te pido a ti amigo lector que tengas una visión santa para lo que leas.

Mi intención es vocación de corazón no profesión. El deseo es vivir en unidad con el Todo, para que todos actuemos en cohesión con nuestro hermano Mayor Cristo Jesús en correspondencia con el resto de nuestros hermanos.

Es la vocación de todos los hijos en el Hijo, la vocación de amar.

Estas páginas se dirigen a los inquietos por vivir en la Presencia, pertenecientes o no a cualquier iglesia; es decir, están escritas para todos aquellos que deseen tener experiencia de Amor con el totalmente Otro, en ti y en los otros.

CÓMO UTILIZAR ESTE LIBRO PARA LOGRAR MEJORES RESULTADOS

Será necesario leer los primeros capítulos para obtener la información y comprensión de la acción de la meditación contemplativa descrita en cada uno de los capítulos de la II parte. A partir de este momento tendremos dos opciones: continuamos la lectura hasta el final para la comprensión total de la metodología o simplemente nos detenemos en el 1er capítulo de la II parte y realizamos el ejercicio correspondiente.

Para la realización del ejercicio se recomienda un período de 21 días o de una cuarentena; se entiende por esta última el espacio-tiempo necesario para la completación o realización de una misión pendiente; y en este momento, es el caso de cada una de las oraciones de esta Meditación-Contemplación. Es fundamental no avanzar hasta el próximo portal si no se domina el ejercicio que se encuentre efectuando.

Deseamos dejar claro que la intención del libro es colaborar en el itinerario del paseo por esta vida, especialmente para aquellos que tienen múltiples preguntas. No se pretende encapsular a nadie, todo lo contrario. Este sistema da herramientas para *dejar ir* lo que nos estorba o todo aquello que ya cumplió su función para continuar en el camino, es como botar los trastos viejos y recibir instrumentos nuevos para un nuevo hogar o un nuevo funcionamiento del mismo.

Recordemos que la obra del Espíritu en la oración contemplativa en acción, se realiza en la donación de mi persona que se abre al misterio para experimentar la humanidad que ha sido tocada por la divinidad; es decir toda la persona cohabita en Él, dejándose penetrar por una experiencia de confianza plena que es abarcada en totalidad en referencia al Todo. El ser humano es plenamente ser humano si hace la experiencia de lo divino; si no, no llega todavía a integrarse en lo humano.

Es necesario advertir que si se encuentra alguna frase o párrafo que se considere de algún autor en particular sin su referencia ha sido por haberla manejado durante muchos años y hecho tan mía que olvidé en donde la leí o la aprendí, pido disculpas y doy las gracias por haberla aportado al mundo. De hecho nada es mío, todo es de la humanidad, he recogido conocimiento y experiencia durante algún tiempo y querido aportar mi gota de agua en el infinito mar.

ÍNDICE

Nota a los lectores	4
Agradecimientos	12
Prólogo por el Dr. Carlos Luis Suarez	15
Glosario y Abreviaturas	17

Parte I   LOS INICIOS   27

CAPÍTULO I   Fundamentos, Premisas y Beneficios del Método   28

I.1. Fundamentos   29

I.2. Premisas necesarias para el desarrollo y disfrute del camino   40

I.3. Beneficios que conlleva la praxis del Método   42

CAPÍTULO II   Dualidad, Dos Aspectos de una misma Realidad   44

II.1 Del campo Dual a la Unificación   45

II.2 Dialéctica Cristiana   50

II.3 Revelación en el Hecho Cristiano   52

Preguntas recomendadas para después de haber leído este capítulo   54

CAPÍTULO III   Triángulo   55

Preámbulo   56

III.1. Descripción del proceso en el Triángulo   58

III.2. De los Diferentes Estadios o Campos de Conciencia   61

Puentes entre los Diferentes Estadios de Conciencia   64

III.3. De la desconexión (oscurecimiento óntico-miedo) al AMOR   73

III.4. Trilogía. Virtudes Teologales   75

III.5. Preparación para llevar a cabo esta praxis   80

¿El para qué del punto cero (vacío)?   93

Parte II NUEVE CAMPOS Y NUEVE PUERTAS   94

CAPÍTULO I   Primer Campo y primera Puerta, la más ancha   95
I.1. Campo y puerta de estar en el Mundo o de la personalidad (el yo)   96
I.2. ¿Cómo hacer la Práctica en este 1er plano?   103

CAPÍTULO II   Segundo Campo y Puerta de las Emociones   110
II.1. Lo que entenderemos por Emoción   112
II.2. ¿Cómo hacer la práctica en este 2do plano?   117

CAPÍTULO III   Tercer Campo y Puerta del Pensamiento   121
III.1. Lo que entenderemos por Pensamientos   123
III.2. ¿Cómo hacer la práctica en este 3do plano?   126

CAPÍTULO IV   Campo y Puerta de la Templanza entre el Soma y el Espíritu   131
IV.1. Campo y Puerta de la Conciencia Crística o Puerta del Alma   132
IV.2. De la Esencia de la Personalidad   134
IV.3. De los Programas o Condicionamientos   136
IV.4. Del Peregrino   139
IV.5. ¿Cómo hacer la práctica en este 4to plano?   140

CAPÍTULO V   Quinto Campo y Puerta de Entrada a lo Diferente   144
V.1. En separación o divergencia es la puerta de la perspectiva errónea   147
V.2. En Convergencia es ser en si más allá de si..   147
V.3. ¿Cómo hacer la práctica en este 5to plano?   150

CAPÍTULO VI   Sexto Campo y sexta Puerta   152
VI.1. Integración Teologal   153
VI.2. ¿Cómo hacer la práctica en este 6to plano?   156

CAPÍTULO VII   Confluencia de la Fuente con su Afluente   158
VII.1. Abrazo de la Fuente con su Afluente   159
VII.2. Praxis de la Oración Contemplativa en esta Puerta   165

CAPÍTULO VIII Octavo Campo y octava Puerta	**166**
Octavo día. La Resurrección	167
CAPÍTULO IX Noveno Eslabón, la Nueva Simiente	**172**
IX.1. La Nueva Simiente	173
IX.2. Síntesis de la praxis del Método	174

Parte III VIVO SIN VIVIR EN MÍ 177

CAPÍTULO I	Efectos	178
CAPÍTULO II	Vivo sin vivir en mí Personalidad (Ego)	181
CAPÍTULO III	Vinos Nuevos en Odres Nuevas	192

Bibliografías Recomendadas   196

DEDICATORIA

Ofrezco esta obra primeramente a Dios y a cada uno de mis lectores, para que cada quien se encuentre con su esencia, reconociéndose y asumiéndose en ella.

Se la ofrezco a mis padres, antepasados, familiares y amigos que antecedieron su ida a la casa del Padre como a mi hermana Lucila Roa Pulido y José Limardo que tanto creyeron en mis potenciales.
A mi familia Roa Pulido a mi esposo Alcides Segovia, a mis hijos: Ignacio José y Nathalie, Gustavo Ignacio y Francesca, a mis nietos y a toda mi generación venidera.

AGRADECIMIENTOS

Es una gran ocasión para darle públicamente las gracias a Dios en sus múltiples manifestaciones por responder a mis plegarias, por bendecirme con los dones que necesitaba para realizar este trabajo, por hacerme un instrumento de su AMOR y por guiarme a lo largo del camino. Por el inmenso regalo de hacerme vivir en su Verdad.

Gracias a mis padres a mis antepasados por darme la vida y sus Tradiciones, especialmente a mi madre pues a través de ella mamé de su pasión por la Santísima Trinidad, por La Virgen María y por San José su castísimo esposo.

Mi agradecimiento a los santos mensajeros de la divinidad, quienes me han acompañado a lo largo de mi vida.

A mi esposo, hijos e hijas políticas (a Francesca Bertolino quien es la diseñadora de la portada y contraportada y otros ajustes como diagramación, edición, diseño) por apoyarme y darme su incondicional aliento, y nietos, especialmente a Sabrina Alejandra a quien escucho siempre diciéndome: *Abuela tu si puedes*.

Al Rdo. Richard Rohr ofm, quien me ha acompañado con sus libros y e-mails diarios, ya desde aproximadamente 25 años, aunque no le conozco personalmente. Desde mi conocimiento sobre el Eneagrama encontré uno de sus libros del cual me enamoré... y así sucesivamente fui leyendo el resto. A raíz de haberle escrito para informarle que estaba estudiando sus libros para la preparación de mi tesis... Encontré su página Web y empecé a recibir diariamente sus meditaciones, las cuales las he seguido hasta el actual momento, de donde he bebido y alimentado durante este tiempo, adquiriendo parte de lo que aquí manifiesto. Gracias, gracias, gracias.

Al Rdo. Dr. Carlos Luis Suarez scj que desde que le conocí como profesor en el Diplomado de Teología, encontré en él una grande persona, por sobre todo por su comprensión, accesibilidad e incondicional acompañamiento, de tal consideración aceptó hacer el Prólogo, por eso y por mucho más estoy altamente agradecida.

Gran agradecimiento debo a Natalia Méndez por su categórica amistad y considerable compañía en este fascinante camino, y a Jimena Plaza, quien con su amor colaboró en el diseño del Power Point, con el que he hecho algunas exposiciones y conversatorios sobre este libro. Doy gracias a Carlos Zerpa quien con mucho amor colaboró en algunas correcciones y me prestó su apoyo en uno de los conversatorios.

Doy gracias también a todas aquellas personas que han estado presentes en el proceso de Psico-Acompañamientoespiritual y sin saberlo me han dado muchos aportes, y a quienes de una u otra manera han contribuido a la luz de esta metodología, especialmente a las que he acompañado en su proceso de transformación.

Igualmente agradezco a todos aquellos que en el camino me pusieron resistencia, lo cual me dio mayores fuerzas para creer aún más: ***Que la obra es de Dios y no de los hombres, pero sí para la humanidad.***

Dulce María

PRÓLOGO

"Debemos atender al bien de los demás de manera que procuremos con mayor premura nuestra salvación que la ajena, y, según la sentencia de San Bernardo, debemos ser semejantes a las albercas, que riegan a los demás con lo que rebosa, y no a los canales, que dan toda el agua sin quedarse nada para sí."

Giovanni Bona

Al principio existía la Palabra y la Palabra estaba junto a Dios, y la Palabra era Dios (Jn 1.1)

PRÓLOGO

Es siempre de agradecer, y mucho, la voz de quien comparte el gozo de caminos atisbados en el claroscuro de la cotidianidad y que apuntan a la comprensión de la propia existencia. Lo que a bien ha tenido ofrecernos Dulce María Roa en las siguientes páginas es, precisamente, un camino, un método, que apunta alto y hondo.

Solo quien se reconoce insatisfecho camina. Lo hace por el deseo de acortar distancias y de favorecer encuentros, mirando con nostalgia alentadora y provechosa inconformidad el horizonte sereno y atrayente donde, siempre más allá, cielo y tierra se funden.

La autora es mujer de fe, inquieta, peregrina atenta en la historia, la que le es dada y la que ella va construyendo admirada, compartiéndola agradecida, desde su compromiso creyente en Dios, perenne y amorosa fuente que hace posible y vivifica todo lo humano.

El método viajero que asume –y que tiene sabor de vuelta a casa– no lo improvisa ni lo recorre a ciegas. Lo ha preparado nutrida en cuidadosa escucha de hombres y mujeres que en el tiempo sintieron como dardo certero el anhelo de búsqueda, si bien fatigosa y apasionada, de la verdad de sí mismos, encontrada luego en la gratuidad preñada de ternura del Creador.

Atenta a lo mejor de la tradición cristiana, Dulce no desatiende la riqueza de otras miradas al misterio de la vida y de lo divino. Conoce y maneja con desenvoltura la obra de autores clásicos y contemporáneos oportunamente citados. Pero de todas las vasijas de donde bebe, ocupa singular presencia la palabra viva y gustada de Jesús de Nazaret.

Este libro no es para espectadores. Exige protagonistas, invitados por demás a convertirse en exploradores ávidos de sendas que se abren insinuantes en el trayecto. La manera en que su autora elabora y desarrolla los temas implica de hecho a quien lee en una suerte de gimnasia que compromete progresivamente a todos los sentidos.

En ningún caso estamos ante un manual de asegurada belleza espiritual para narcisistas. Bien al contrario, la propuesta descentra y bloquea indiferencias. Provoca repetidas veces a un continuo éxodo que señala hacia un inesperado y gozoso encuentro que nunca podrá ser forzado. Aquí un camino, un método, que llama solícito a la comunión porque mira humilde y enamorado a la Trinidad, donde nacen, se alimentan y recrean la fe, la esperanza y el Amor.

Carlos Luis Suárez scj

GLOSARIO Y ABREVIATURAS

Ella existía al principio junto a Dios.
Todo existió por medio de ella, y sin ella nada existió de cuanto existe.
En ella estaba la vida, y la vida era la luz de los hombres;
la luz brilló en las tinieblas, y las tinieblas no la comprendieron.
(Jn1,2-5)

GLOSARIO

Alma: La definición de este término varía de acuerdo al entramado cultural y la perspectiva religiosa, filosófica o psicológica de quien lo indaga. El término se origina del latín ánima. Alma, ánima o espíritu suelen ser utilizados como sinónimos para nombrar a la entidad no material e invisible que poseen los seres vivos. En nuestro escrito lo tomaremos como la esencia de la personalidad, programa que le va a dar bases a las experiencias. Corazón del sentido Crístico. Horizonte: Centro universal de convergencia.

Amor, Fe y Esperanza se definen en el capítulo III de la Parte I.

Conciencia proviene del latín *conscientĭa*, que significa *con conocimiento*. Se trata del acto psíquico que permite a una persona percibirse a sí misma en el mundo. La conciencia es el conocimiento reflexivo de las cosas y de la actividad mental que sólo es accesible para el propio sujeto. Por eso, desde afuera, no pueden conocerse los detalles de lo consciente... La psicología señala que la conciencia es el estado cognitivo a través del cual un sujeto puede interactuar [2].

Conciencia Crística: Término utilizado por Teilhard de Chardin. Conciencia de vivir en Cristo.

Contemplación: es la disciplina interna de la observación constante de mis propios patrones y de lo que estoy atento y de lo que no a fin de conseguir a mi esencia y alejar a mi ego del camino [3]. Según Ignacio de Loyola contemplación es una oración que incluye la

---
[2] Cf. http://definicion.de/conciencia/#ixzz3fu8aovJ

[3] Cfr. Rohr,R., Meditación de Richard Rohr: Un sistema de autoequilibrio, Meditación: Silencio y Gracia.

imaginación, es un ejercicio de composición de lugar: Se recurre a los textos bíblicos para vivir el momento.

Según Thomas Merton: La contemplación es la repentina penetración intuitiva de lo que ES realmente.
Implica el salto inesperado del espíritu del hombre hacía la luminosidad existencial de la Realidad en sí, no apenas a través de la intuición metafísica del ser, sino mediante la consumación trascendente de una comunión existencial con Aquel que ES.

Ego: Término acuñado por Sigmund Freud que determina la instancia psíquica por la cual el individuo se reconoce como yo y es consciente de su propia identidad. El ego, por lo tanto, es el punto de referencia de los fenómenos físicos y media entre la realidad del mundo exterior, y el mundo interior (pensamientos: centro mental; emociones: centro del corazón o sentimientos; el mundo del instinto: centro visceral).

Hoy en día algunas escuelas de la Psicología consideran obsoleto el término *ego*, sin embargo, en la cotidianidad de la vida se escucha y se lee con frecuencia sobre esta expresión, refiriéndose al *yo* que se identifica con la personalidad.

También podemos identificar tres formas del yo: al yo de la personalidad le llamaremos el *no yo* (Thomas Merthon). Al *yo interior* o el *yo* de la esencia que lo identificamos con el yo de la Conciencia Crística el núcleo del Inconsciente (el Sí Mismo) y al YO superior. Indistintamente usaremos los términos *ego- yo- no yo*.

Emergencia de Cristo: *Fenómeno humano de atracción de lo alto*[4]. La fe cristiana se encuentra identificada con la Cristogénesis. Poder Asimilador de orden Orgánico que integra potencialmente en la

....
4 CHARDIN Teilhard, El medio Divino, p.92

Unidad de un solo cuerpo a la Totalidad del género humano... Ascenso perceptible de una cierta presencia Universal inmortalizante y uniente,[5] cohesivo y coherente.

Espiritualidad: También es un concepto que va a depender del entramado cultural y la perspectiva religiosa o filosófica, sin embargo la consideraremos como *la reordenación reflexionada, sentida y vivida de cuanto concierne a la dignidad humana en nuestro tiempo, a su establecimiento y desarrollo, de acuerdo con la moción permanente del Espíritu*[6].

Gracia: Dada por Dios. Flujo Universal de Unificación, Irreversibilización (irreversible) La gracia es la Divina generosidad inmerecida que está disponible en todas partes, Es Dios totalmente entregado, por lo general sin ser detectado como tal, y a menudo incluso no deseado. Se ha definido acertadamente como lo que confiere una nueva vida a nuestra alma, es decir, una participación en la vida de Dios mismo.

Intuición: Según Henri Bergson, la metafísica penetra en el fondo del ser, invirtiendo la dirección natural del pensamiento con un acto de conocimiento interior que Bergson llama intuición. La intuición es esa simpatía mediante la cual uno se inserta en la interioridad de un objeto para coincidir con lo que éste tiene de único. En la intuición, Bergson encuentra un método cognoscitivo contrapuesto al método científico y adaptado al objeto que la ciencia deja fuera por su propia naturaleza.

....
5 CHARDIN Teilhard, El medio Divino, p.95
6 GUERRA A., Introducción a la Teología Espiritual, Santo Domingo,1994, p.65

Kairós: (en griego antiguo καιρός, kairós) es un concepto de la filosofía griega que representa un lapso indeterminado en que algo importante sucede. Su significado literal es «momento adecuado u oportuno», en la teología cristiana se lo asocia con el tiempo de Dios.[7]

Kénosis: En la teología cristiana, la kénosis (del griego κένωσις: «vaciamiento») es el vaciamiento de la propia voluntad para llegar a ser completamente receptivo a la voluntad de Dios.
La palabra ἐκένωσεν (ekénōsen) es usada en la Biblia en Filipenses 2,6-7,2 "Quien siendo en forma de Dios, no consideró ello como algo a que aferrarse; sino que vaciándose (ekénosen) a sí mismo, tomó forma de siervo, siendo hecho en semejanza de hombre y hallado como uno de ellos...", usando el verbo κενόω (kenóō) "vaciar". En la espiritualidad cristiana, se asocia con los términos «anodadamiento», «vaciamiento», «despojamiento», «desapego» o «desasimiento» del alma. [8]

La Atención: ¿Acaso un estado de atención verdaderamente enfocada está relacionado con un estado de armonía universal? La atención esconde secretos que no se comprenden bien. Los investigadores están llegando a creer que el acto de atención puede que sea más importante que el aprendizaje mismo del autocontrol fisiológico.

Meditación: La meditación que he practicado en los últimos años ha sido la que nos dejó John Main; es un camino de auto conocimiento y auto-aceptación. Éste es el primer paso indispensable para cualquier conocimiento de Dios. Sin embargo, no es sobre todo un conocimiento intelectual, porque se llega a él por una profunda

....
7   https://es.wikipedia.org/wiki/Kairós
8   https://es.wikipedia.org/wiki/Kénosis

armonía en la quietud de mente y cuerpo. El cuerpo forma parte del camino espiritual hacia Dios. Tampoco es un viaje aislado o a solas.

La soledad de la meditación nos hace darnos cuenta de nuestra profunda interdependencia con otras personas y por eso *la meditación crea comunidad*. La meditación es vivencia. Esto quiere decir que se trata de una forma de experiencia, no de teoría o de pensamiento. Es una forma encarnada de oración. El cuerpo no es una barrera entre Dios y nosotros. Es el sacramento de nuestro ser que nos fue dado por Dios. Por eso, el cuerpo necesita participar en toda la experiencia de oración.

Mística: Dos maneras de comprender este concepto, la experiencia de la vida podría ser la definición más breve de la mística. Se trata de una experiencia y no de su interpretación, aunque nuestra consciencia de ella le sea concomitante. No las podemos separar, pero las podemos y debemos distinguir (...) Se trata de una experiencia completa y no fragmentaria. Lo que a menudo ocurre es que no vivimos en plenitud porque nuestra experiencia no es completa y vivimos distraídos o solamente en la superficie. De ahí que la mística no sea el privilegio de unos cuantos escogidos, sino la característica humana por excelencia [9].

Es una particular experiencia religiosa de unidad comunión-presencia donde *lo que se sabe* es precisamente la realidad, el dato de esa unidad comunión-presencia; no una reflexión, una conceptualización, una representación del dato religioso vivido [10].

....

[9] R. PANIKKAR, De la mística. *Experiencia plena de la vida*, Barcelona, Herder, 2005, p.19

[10] G. MOIOLI, *Mística cristiana*, en FIORES-GOFFI Nuevo Diccionario de Espiritualidad, Madrid, Paulinas, p.931-943

Rasgos característicos de la Mística

Presencia íntima y trascendente de Dios vivo y verdadero, que se comunica y se hace sentir en su persona y misterio, con mayor intensidad y a nueva luz.

Sentimiento de objetividad y certeza (*No se puede dudar estar allí Dios vivo y verdadero Sta. Teresa de Jesús*)

Gratuidad

Pasividad activa o receptiva

Inefabilidad, incapacidad de expresar ni objeto ni componentes de la experiencia. Es un lenguaje simbólico y paradójico.

Oración: Una definición muy antigua de oración la describe como *la elevación del corazón y la mente a Dios*. ¿Qué es la *mente*, qué es el *corazón*? La mente es la que piensa - ella cuestiona, planea, se preocupa, fantasea. El corazón es él quien ama.

La mente es el órgano del conocimiento, el corazón, el órgano del amor. La conciencia mental precisa eventualmente ceder y abrirse a una forma más plena de conocer que es la conciencia del corazón. El amor es conocimiento-sabiduría- total.

La oración cristiana hace inferencia en tres formas de orar

1.- La oración verbal: *oratio*: Vocal y mental.

2.- La oración meditativa: *meditatio*.

3.- La oración contemplativa: *contemplatio*.

Punto neutro: Silencio, vacío. Expulsar o dejar ir los pensamientos oscuros y no oscuros, auténticos o no. el Espíritu en nuestro templo nos prepara el camino para el festín, nos pone en sintonía con el AMOR y su voluntad. Percepción bajo la influencia sensibilizante de la Gracia.

Self de C. Jung: El sí mismo: nos pone en relación con nosotros mismos, y revela nuestra conexión con los demás, puede considerarse: Nuestra esencia de la personalidad.

Sarx: Concepto de cuerpo en el AT y Judaísmo primitivo Mientras que la lengua griega posee el término soma para significar lo que corresponde aproximadamente a nuestro concepto de "cuerpo" y, referido al hombre, connota generalmente una oposición a "alma" (psyjé), la lengua hebrea carece de un término equivalente a soma o "cuerpo". El término hebreo que más se acerca a soma ("cuerpo") es basar ("carne"; en griego sarx), que propiamente significa el tejido de los músculos, pero también puede designar toda la persona humana. Los LXX tradujeron al griego basar ("carne") por soma, siempre que basar no expresara la caducidad del hombre en cuanto ser creado ni la diferencia entre carne y huesos, sino su totalidad o unidad sin oposición a "alma" (nefes: por "alma" o nefes se entiende la fuerza vital que se manifiesta en el aliento, no en el sentido griego de algo distinto del cuerpo): "cuerpo" y "alma" pueden aparecer, pues, como dos principios cuyas funciones pueden ser semejantes o equivalentes, así p. ej.: "De ti tiene sed mi alma; mi carne anhela por ti" (Sal 62,2); "suspira y desfallece mi alma...; mi corazón y mi carne claman exultantes al Dios vivo" (83,2). El hombre es para la mentalidad hebrea una unidad total animada por un alma viviente (Gén 2,7). La muerte pone fin a esta unidad: el hombre torna al suelo, el hálito vital vuelve a Dios y su existencia en ultratumba no es más que una sombra (ls 38,18-19; Qo 12,7).[11]

Trascendencia

"Hay que hacer notar que el planteamiento sobre Dios está enraizado en el mismo ser del hombre, desde cuya

....
[11] http://www.mercaba.org/DJN/C/cuerpo.htm

inquietud y por un proceso de interioridad se remonta hasta D., hacia quien tiende y en cuya posesión se realiza su apetencia. En este proceso de interioridad y trascendencia encuentra el hombre a D., pero encuentra también la radical distancia que media entre ambos. A simple vista, el planteamiento agustiniano sobre el D. íntimo y a la vez radicalmente distinto podría parecer como un juego de palabras más propio de un retórico que de un pensador con ansias de precisión y exactitud. Sin embargo, hay que afirmar que la paradoja agustiniana nos coloca ante unos postulados de valor, tanto metafísico como religioso, y con los cuales ofrece una consideración sobre el hombre que, por ser criatura, depende en su ser radicalmente de D., y que se realiza a sí mismo en apertura hacia D. En el planteamiento agustiniano el hombre cobra el máximo realce, ya que desde su interior puede lanzarse a la máxima aventura de su propio conocimiento y trascenderse hasta llegar al conocimiento de D. Pero nada más lejos de S. que pensar en un hombre desligado e independiente de D., hacia quien tiende por propia naturaleza y en cuya posesión se realiza plenamente (cf. De libero arbitrio, 11,16,41: PL 32,1263) [12].

Un planteamiento especial es el que ofrece R. Bultmann (v.). Para él, D. es radicalmente trascendente, se hace patente al hombre por la palabra de Cristo sin que esta palabra le ofrezca al hombre un saber sobre D., sino la conciencia de una religación existencial. Pero esta religación existencial obliga a una constante interpretación de la palabra de Cristo desde la situación histórica de cada hombre, ya que la función salvífica de la revelación tan sólo se realiza en la medida que es aceptada por el hombre desde su propia situación histórica. En la teología existencial de Bultmann ya no existe un saber sobre D., sino un estar

---
[12] Cfr. http://www.mercaba.org/Rialp/D/dios_trascendencia_inmanencia.htm, 12/10/2012

viviendo frente a D. En diálogo con Bultmann ha expuesto K. Jaspers (v.) su teoría sobre el mito como lenguaje que impulsa al hombre hacia la trascendencia de Dios." [13]

También trascendencia puede ser una descripción literal de un cierto tipo de relación de fase entre dos procesos cerebrales que generalmente son considerados como mutuamente exclusivos: lo analítico y lo holístico, lo intelectual y lo intuitivo (como partículas y ondas).

ABREVIATURAS

Citas Bíblicas y otros Documentos de la Iglesia

Ap:	Apocalipsis	Jn:	Juan
Bl:	Bíblia	Lc:	Lucas
Cp:	Capítulo	Mc:	Marcos
Cf:	Confrontar	Mt:	Mateo
Col:	Colosenses	P:	Pedro
Cor:	Coríntios	Pr:	Provérbios
Ef:	Efesios	Rom:	Romanos
Fl:	Filipenses	Sb:	Sabiduría
Gl:	Gálatas	Sal:	Salmos
Gn:	Génesis	Ss:	Sucesivos
Ha:	Habacuc	NDE:	Nuevo diccionario enciclopédico
Is:	Isaías		

---

[13] Cfr. K. Jaspers-R. Bultmann, Die Frage der Entmythologisierung, Munich 1954

Parte I
LOS INICIOS

CAPÍTULO I   Fundamentos, Premisas y Beneficios del Método

I.1. Fundamentos

I.2. Premisas necesarias para el desarrollos y disfrute del Camino

I.3. Beneficios que conlleva la praxis de Método

CAPÍTULO II   Dualidad, Dos Aspectos de una misma Realidad

II.1. Del Campo Dual a la Unificación

II.2. Dialéctica Cristiana

II.3. Revelación en el Hecho Cristiano

Preguntas recomendadas para después de haber leído este capítulo

CAPÍTULO III   Triángulo

Preámbulo

III.1. Descripción del proceso en el Triángulo

III.2. De los Diferentes Estadios o Campos de Conciencia

Puentes entre los Diferentes Estadios de Conciencia

III.3. De la desconexión (oscurecimiento óntico-miedo) al AMOR

III.4. Trilogía. Virtudes Teologales

III.5. Preparación para llevar a cabo esta praxis

¿El pare qué del punto cero (vacío)?

Parte I
LOS INICIOS

Capítulo I

FUNDAMENTOS, PREMISAS Y BENEFICIOS DEL MÉTODO

I.1. Fundamentos
I.2. Premisas necesarias para el desarrollos y disfrute del Camino
I.3. Beneficios que conlleva la praxis de Método

Ella existía al principio junto a Dios. Todo existió por medio de ella, y sin ella nada existió de cuanto existe. En ella estaba la vida, y la vida era la luz de los hombres; la luz brilló en las tinieblas, y las tinieblas no la comprendieron
(Jn1, 2-5)

¿Qué buscan? (Jn 1, 38)
Con palabras similares se dirige Jesús a María Magdalena después de su resurrección:
¿A quién buscas? (Jn 20,15)

SI SUPIERA QUIÉN SOY EN REALIDAD, DEJARíA DE COMPORTARME COMO LO QUE CREO QUE SOY; Y SI DEJARA DE COMPORTARME COMO LO QUE CREO QUE SOY, ENTONCES SABRíA QUIÉN SOY."
Aldous HUXLEY

Parte I

Capítulo I

FUNDAMENTOS, PREMISAS Y BENEFICIOS DEL MÉTODO

I.1. FUNDAMENTOS

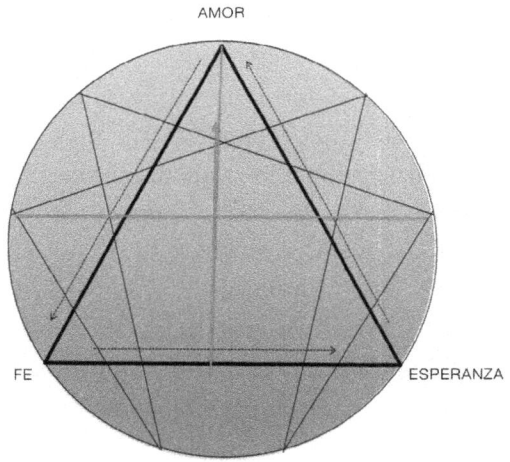

El inicio de este libro partió de haber culminado mi tesis de la Maestría en Teología Espiritual, la cual se trató sobre la *Lectura Del Eneagrama A La Luz De La Espiritualidad Cristiana En El Proceso De Personalización*. Según Richard Rohr y Javier Garrido G. La cual se trató como su nombre lo indica del estudio y aplicación del Eneagrama en el proceso de personalización cristiana, para lo cual era necesario conocer la personalidad de Jesús el Cristo, por lo tanto era indispensable el estudio sobre las personalidades y cómo aplicarlo en todos aquellos que deseamos seguirle para alcanzar su Conciencia

Crística además del conocimiento como persona.

Habiendo alcanzado el conocimiento de cada una de las personalidades y el cómo debe proceder cada una de ellas para lograr experimentar la Conciencia Crística, hemos querido incursionar en la ejercitación de la metodología propuesta. Estamos claros que el Jesús Histórico no tuvo la necesidad de ninguna metodología, sólo sabemos que muy de madrugada y cada vez que iba a empezar un proyecto o una acción importante se comunicaba con el Padre, quizás por tal razón tanto en el pasado como ahora nos atrevemos a proponer un método para alcanzar, cada vez, una mejor comunicación desde nuestra humanidad.

En el transcurso de nuestras vidas durante un largo tiempo observamos la dificultad confrontada por una gran mayoría de cristianos de seguir equilibradamente un proceso de crecimiento *bio-psico- espiritual*. En respuesta al llamado de ser coherentes en cuanto a nuestro seguimiento a Cristo me he dedicado a investigar y a practicar el proceso de Cristificación, proceso éste propuesto en mi *Tesis de la Maestría en Teología Espiritual*. Este propósito me condujo a experienciar esta praxis que describo en este libro, basada en un modo especial de orar que involucra meditación y contemplación. En el camino de este modo de orar vamos haciendo *metanoia* en los diferentes estadios que implica la disposición del proceso de despersonalización del *yo*, para irnos conformando en Cristo.

A partir del proceso antes referido fue concebido este método, el cual parte de la realidad del ser humano; realidad forjada como misterio y como tal, extraño a sí mismo. Esta convicción nos lleva a permanecer en continua búsqueda de sí en el anhelo de conocernos y de conocer a Dios; acción ésta que responde al llamado de quien nos amó primero. He aquí una acción constante hacia una realización plena; acción que nos lleva a un conocimiento experimental de las llamadas cosas espirituales o camino místico desde la cotidianidad de la vida.

Recordemos a Teilhard de Chardin cuando nos dice:

"...ningún alma se une a Dios sin haber recorrido a través de la Materia un trayecto determinado, el cual es en un sentido una distancia que separa, pero en otro sentido es, además, un camino de reunión. Sin determinadas-posesiones y ciertas conquistas, nadie existe tal como Dios lo desea. Todos tenemos nuestra escala de Jacob, cuyos escalones están formados por una serie de, objetos. No intentamos, pues, evadimos del Mundo antes de tiempo." [14]

En la misma línea se observa la necesidad de una renovación espiritual y una trascendencia o giro radical de la mente (*metanoia*) para lo cual se requiere *la muerte de los viejos deseos ilusorios de sí mismo* [15], y volver al despertar de la vida a la santa verdad. Optamos por la transformación a vivir un acontecimiento cuyo proceso lo haremos conforme a esta metodología. Esta metodología obedece a un marco de referencias y objetivos fundamentales que sustentan el proceso de transformación hacia la trascendencia; dando pautas de acceso a la realidad del misterio de la persona, en su situación existencial que va a ser transformada.

Desde esta jornada ofrecemos el poder concienciar la riqueza y profundidad de nuestro ser, como apoyo en el desarrollo *bio-psico-espiritual* que afinadamente incrementa nuestra sanación (santificación [16]) encaminada hacia la plenitud trascendente. El camino

....

14   TEILHARD DE CHARDINsj, *El Medio Divino*, Alianza Editorial 2000, p.33
N.A: Comprendo que Teilhard desee resaltar la importancia de vivir en este Mundo y de escalar lo que nos corresponde sin querer evadirnos del éste antes de tiempo, sin embargo debemos tener presente que el Espíritu Santo se mueve como quiere, cuando quiere y donde quiere.

15   Es necesario advertir que esto se logra con y por la moción del Espíritu Santo, no con voluntarismos o los llamados sacrificios para poder llegar a Él. Debemos recordar que el camino de regreso a la casa del Padre ya está hecho, nosotros por su amor nos dejamos ser en Él.

16   Todos estamos invitados a ser sanos (santos)

del seguimiento a Cristo pasa por el camino del conocimiento de sí mismo, del encuentro consigo mismo y con el semejante. Por este motivo resulta interesante y de provecho aplicar la metodología como puerta, espejo, puente, llave y sobretodo como un camino de responsabilidad personal para llegar a ser Cristo-referentes en el conocimiento y reconocimiento del resto de la humanidad.

La transformación del ser humano implica un proceso de conversión (*metanoia*) progresiva desde el *ego* o *no-yo* hacia la esencia, y desde ésta hasta encontrarnos en unidad con la Esencia Original. En términos cristianos es llegar a vivir como les decía el Apóstol Pablo a los Romanos:

> *Porque, si viven de ese modo, morirán; pero, si con el Espíritu dan muerte a las obras del cuerpo* [17] *entonces vivirán. Porque todos los que son guiados por el Espíritu de Dios, éstos son hijos de Dios. Y ustedes no han recibido un espíritu de esclavos, para recaer en el temor, sino un espíritu de hijos adoptivos, por el cual clamamos: ¡Abba, Padre! El Espíritu mismo da testimonio a nuestro espíritu, de que somos hijos de Dios.*
> (Rm 8,16)

---

[17] La dialéctica que probablemente enfrentamos la mayoría de los cristianos es la creada por Pablo entre carne y espíritu. El término *sarx* ha sido el motivo de la controversia. El Evangelio según Juan utiliza esta misma palabra, sarx, de una manera positiva: el verbo se hizo carne (Juan 1,14). Pero de alguna manera hemos asociado el uso de esta palabra sarx escrita por Pablo negativamente con el cuerpo humano. No creemos que la intención de Pablo haya sido para que las personas se sientan mal por tener un cuerpo. Después de todo, Dios tomó un cuerpo humano, el de ¡Jesús! Pablo no utiliza la palabra soma, que literalmente significa cuerpo. Él está tratando de presentar otra idea y tristemente utiliza una palabra que ha causado una incalculable confusión en la historia cristiana. Creemos acercarnos más usando el término ego o incluso el id (terminología freudiana). El término sarx significa para Pablo: el ser atrapado, el ser pequeño, y arbitrario o lo que Thomás Merton llama el falso yo. Básicamente, el espíritu es el ser completo, es Cristo mismo el que nos llega por gracia.

Este itinerario es un viaje al misterio, que nos obliga entrar en el espacio-tiempo de lo desconocido, donde el hemisferio izquierdo siempre teme hurgar y para poder unificar es necesario que ambos hemisferios actúen al unísono. *La praxis diaria de esta metodología* es una oración contemplativa que nos conduce a **dejar ir** todo lo que nos abruma y exponernos a la gran verdad, la Verdad [18] de que es Dios, la Gracia misma quien nos Ama.

Esta oración además ha de ejercitarse en momentos precisos y en lugares sagrados (en nuestros hogares lo podemos hacer nosotros mismos, en un sitio que apartaremos para esta praxis; quizás ya lo tenemos). La idea es ejercitarnos en muchos momentos de nuestra cotidianidad, hasta convertirnos en orantes perennes, logrando que toda nuestra cotidianidad sea un acto de oración. Esto es hacer que cada acción sencilla se convierta en un acto de amor: *convertir lo cotidiano en extraordinario y lo extraordinario en cotidiano, es la realización de nuestra propia humanidad.*

Renunciar a nuestras imágenes, pensamientos, sentimientos y otras cosas queridas por nosotros, dejar que el Reino de Dios, por su amor se implante y fluya en nosotros. Vamos observando cómo nuestras resistencias van cayendo, no es negar lo que está pasando es reconocerlo, aceptarlo y no resistirlo [19], es incluir y asumir nuestras

---

Nos salvamos por un misterio más grande en el que sólo podemos participar como un miembro permanente. El problema no es entre cuerpo y espíritu, es entre parte y todo. Esta dicotomía de Pablo ha sido motivo de muchas discordias e incomprensiones, tal como se observa en Romanos y Gálatas.

18 *Y yo pediré al Padre, al Paráclito, el Espíritu de la verdad para que esté con ustedes para siempre. Ustedes lo conocen, porque él permanece con ustedes y estará en ustedes.* (Jn14, 16-17)

19 Jesús dijo *no se resistan al mal* (Mt5,38-48), o como decía Sta. Teresa de Jesús: *Abrazad la Cruz.*

sombras [20], como diría Teresa de Jesús *abrazar la cruz*, ya sea, el pensamiento o la emoción que nos perturba Por ejemplo, si estos ya se han convertido en dolores o enfermedades, nos preguntaremos qué lo ocasionó, con repuesta o no a las preguntas hechas, nos colocaremos de inmediato en el punto cero [21], en el fluir del AMOR.

Podemos decir que este acontecimiento se va convirtiendo en el acto de *atrapar* cada programa, cada pensamiento, cada emoción y en fin toda nuestra manera de ser en el mundo (personalidad), en la medida que nos vamos ejercitando- practicar, practicar, practicarnos vamos convirtiendo en artistas de la contemplación- y seremos los artistas del arte más regio, del arte que está por encima de todas las demás artes: ¡del AMOR! Bajaremos, bajaremos, bajaremos [22] de peldaño en peldaño, hasta llegar a las regiones más profundas de nuestra alma.

Nos hemos olvidado de la Fuente divina, nuestro verdadero origen, de donde procede el poder que nos permite crear una nueva

....

20 Jung, C., Éste designó como *Sombra* a todos los aspectos ocultos o inconscientes de uno mismo, tanto positivos como negativos, que el ego ha reprimido o nunca ha reconocido, incluyéndola dentro de uno de los cuatro arquetipos principales del inconsciente. "La sombra representa cualidades y atributos desconocidos o poco conocidos del *ego* tanto individuales (incluso conscientes) cómo colectivos. Cuando queremos ver nuestra propia sombra nos damos cuenta (muchas veces con vergüenza) de cualidades e impulsos que negamos en nosotros mismos, pero que puedo ver claramente en otras personas".

21 Una de las tantas formas que podemos ir al punto *cero o vacío* es respirar profundamente desde nuestro vientre, luego contener el aire aspirado por unos segundos y luego expiramos; si lo queremos hacer sistemáticamente podemos ir contado mientras inspiramos hasta 4, retenemos hasta 3 y expiramos hasta 7. Este ejercicio nos permite que mientras respiremos estamos entrando en la neutralidad, no pensamiento, no sentimiento, no emoción, vacío. Estamos dejando a Dios Ser Dios en nosotros.

22 En nuestra figura, que representamos como un triangulo con escalones o campos que deben ser concienciados cada uno, aparentemente subimos, sin embargo, vemos como al entrar en nosotros mismos la perspectiva es de bajar hacia nuestra profundidad, es decir nos hacemos cada vez más y más pequeños y transparentes y fluídicos como agua, es la única manera de atravesar la puerta 6 y llegar a la Fuente – nivel 7.

realidad, un ser nuevo, acorde con nuevos pensamientos, sentimientos y emociones. Debemos concienciar que somos materia densa y espíritu sutil [23] y que existe una interconexión íntima entre ellos y que si nos alimentamos de las mociones del Espíritu Santo, tanto como una balanceada nutrición seremos seres armónicos, coherentes y cohesivos con nosotros mismos y como efecto con el resto de la humanidad. La toma de conciencia nos hace estar alertas en el presente y en la *Presencia* y nos permite transformar el impacto que produce un acontecimiento, siempre que nos mantengamos lo suficientemente alertas para guiar nuestras emociones hacia el punto cero en el momento preciso.

Ir al vacío es la clave. Es una nueva forma de ser, es la manera de vivir *dejando ir*, desprendiéndonos de nuestra forma de ser en el mundo, -nuestros pensamientos, emociones, programas y los de otros-; es la acción de unificarnos, primero, con nosotros mismos y luego con el resto del Universo. Cada vez que en plena conciencia, nos colocamos en el del eje del Ser, estamos dejando que Dios se sumerja en nuestra vida, nos disponemos a dejar que Él sea en nosotros, es el deseo de realizarnos en ÉL, hasta que todo nuestro ser se vaya haciendo uno en el Uno, cada vez más cerca del amado en el AMOR.

Es como sentir el anhelar a quien nos ha amado antes: *Mi Padre y yo somos uno, yo estoy en mi Padre y el Padre está en mi* (Jn14,11); *...Yo estoy en mi Padre y ustedes en mí y yo en ustedes* (Jn14,20). Él se hace uno en nosotros [24]. Se observa la densidad antropológica de la frase de Jesús, que da razón de la importancia de la **unificación**. Podríamos decir: Dios en acción Cuando nos colocamos alineadamente en su corriente de Amor, en este momento dejamos de ser nosotros, por lo tanto no hay programas, ni pensamientos, ni emociones, es el momento en que nos identificamos también con las

....

23 Permitiéndome la tautología
24 El Enmanuel: Dios con nosotros

Palabras de Jesucristo: *Ustedes están en el mundo pero no son del mundo* (Cf. Jn8,23; 15,18-21; 17,16.18).

Alguien puede preguntarse ¿y qué logro yo en mi vida cotidiana, en mi trabajo, en mis estudios, etc., con la praxis de esta metodología?

Respuesta: Si te decides a recorrer el Camino son muchas las cosas diferentes que lograrás ver u observar. Al encontrarte más atento y consciente de tus actos y sobretodo que estas actuando dentro y con la Gracia, experimentarás algo tan trascendente que te traerá grandes cambios. Todo va a depender como te dejes llevar por la misma y podrás hacer de lo *imposible* lo posible. Empezarás a darte cuenta que tu mente te tenía encerrado en tu propia prisión es decir tu percepción, es decir empezarás a experimentar la libertad, esa libertad interior que tanto gozo nos da. Se empiezan a manifestar los efectos por la sutilidad de la Causa.

El precio es la renuncia a nuestro *¡ego!* El espíritu no puede ser comprendido por medio de la razón, sólo puedo ser vivido, al ¡estar siempre alerta! Al proceso de transformación.

Podemos decir, que la praxis de este método es de una importancia vital pues se empezará a detectar cada vez más las causas más sutiles de nuestro comportamiento.

Siempre hemos escuchado decir que las fuerzas más poderosas son las más ocultas, de hecho, son las invisibles y más sutiles reconocemos el saber del que han experimentado los científicos sobre el átomo como partícula invisible a simple vista –recordemos el poder de la bomba atómica. De igual modo la psicología sabe que el inconsciente (oculto) tiene poder sobre lo consciente y que nosotros lo hemos experimentado empíricamente. Entendemos que Dios, el Origen del Todo es la causa más poderosa y sutil, oculto en lo que ha manifestado la naturaleza y dentro de ella nosotros hechos de barro –materia y lo que nos da la vida es lo más sutil –*nefesh*–.

Las Sagradas Escrituras nos dicen que Dios se le manifestó al profeta Elías como una suave brisa [25]. Cuando estamos haciendo el ejercicio de meditación contemplativa en acción desde el Triángulo propuesto, el trabajo lo vamos realizando en forma de ascenso o lo que es lo mismo desde lo más denso a lo más sutil, también puede decirse que se hace desde la superficie hacia adentro.

La práctica sistemática y profunda del método como arte de entrar en el punto cero, nos sirve para cambiar todas las facetas de nuestra personalidad [26], pues ésta en la creencia de ser ese *yo* se ha convertido en fiel intérprete del *ego*, olvidándose de ser el activo reflejo de la esencia. Uno de los objetivos fundamentales de este arte es, aceptar sin prejuicios de ninguna clase, observando lo que somos pacientemente sin ningún tipo de evaluación, crítica o calificación, es decir, no juicio. Entonces podremos comprender y aceptar a los demás con compasión. De tal forma, la personalidad o *no yo*, dual, conflictivo y competitivo al trascender, nos lleva a las puertas de lo verdadero, coherente, convergente y armónico, logrando al fin encontrarnos en Unidad.

Muchos son los invitados, pero pocos son elegidos.
(Mt 22,14)

Cada puerta corresponde a un campo (reconociendo que el campo no tiene límites). La primera puerta es la más ancha: *entren por la puerta estrecha, porque ancha es la puerta y espacioso el camino que lleva a la perdición, y son muchos los que entran por ella.* (Cf. Lc 13,24; Mt 7,13)

....

[25] Libro Primero de los Reyes capítulos 17 al 21, y en el segundo Libro de los Reyes, capítulos 1 y 2.

[26] Recordando siempre que nosotros no somos nuestra personalidad.

Mucho tengo todavía que deciros, pero ahora no podéis con ello.
(Jn 16,12)

Aspiramos a que ésta sea una visión totalmente liberadora, que nos lleve a un punto alto de satisfacción como corresponde a la esencia de Amor [27]. Meister Eckhart lo expresó mejor, tal vez, cuando dijo: *El ojo con el que veo a Dios es el mismo ojo con el que Dios me ve.* Las circunstancias y los acontecimientos indeseados ocurren porque los potenciales innecesarios importan distorsiones en la imagen o cosa circundante, y las actitudes de dependencia hacen los problemas más profundos. En el pasado hemos estado en una visión distorsionada de Dios. De tal estado debemos cambiar conscientemente nuestra actitud.

Hacer consciente lo inconsciente es nuestra tarea. El propósito es que cada uno de nosotros vaya encontrando, desde el centro de comprensión (aplomamiento), el orden que rige el universo de forma tal que nos dejemos fluir por la Gracia para liberarnos de cualquier miedo, angustia, o de cualquier otra situación que no nos deje paz y armonía. El Camino de retorno a la Fuente nos va anticipando el Reino y nos va informando el propósito del transcurrir del pasado al presente y de éste al futuro - tensión escatológica - , *el ya pero todavía no.*

El proceso metodológico destaca que es sumamente importante avanzar etapa por etapa, pues tendremos que atravesar desde los caminos más densos hasta los más sutiles. Es deseable no querer saltarse los peldaños, porque de otra forma no se **alcanzarán** los resultados más idóneos. Emprenderemos el viaje con pertinaz paciencia y perseverancia (absolutamente importantes estas 2 virtudes para realizar cualquier obra). Atravesaremos filtros, tamices, trabas

....

[27] Esta Metodología nos hace tomar conciencia del poder del Amor desde el escalón 4 o centro del alma o del corazón nos apersonamos en el ser hijos en el Hijo y decidimos definitivamente regresar a la casa de Dios Padre/Madre.

(miedos, inseguridades. Aunque desde la Gracia acontece lo que siempre se ha dicho del Espíritu Santo: *se mueve como quiere y donde quiere* y lo más importante es dejarnos mover por las mociones del Espíritu.

En el ejercicio de la meditación como camino de Amor reconocemos que también es un camino de estado de atención. Sentimos que los beneficios de ese amor es para nosotros mismos, pues al habernos experimentado limitados y fallidos en el intento de amar a Dios con todo nuestro ser, recordamos que es Él quien nos amo primero y que continúa amándonos y en nuestro intento de prestarle atención, nos hace tomar conciencia de que es Él quien nos presta atención y que nunca se distrae de nosotros en cuanto somos sus hijos.

A medida que hacemos hábito en ejercitarnos en esta Meditación Contemplativa en Acción, la experiencia va en aumento, tal como nos bronceamos si nos exponemos al sol durante un tiempo suficiente. Si lo hacemos habitualmente, si nos exponemos a esta atención de Dios, entonces la metodología hará su trabajo. Es un delicado equilibrio entre creación y destrucción, vamos destruyendo viejas y dañinas creencias para irnos conformando en Jesús el Cristo, es como el proceso de la oruga para convertirse en mariposa.

Investigaciones científicas, muy conocidas en los en los ámbitos acreditados y medios de comunicación, tanto en el pasado, así como las que se desarrollan en este momento acerca de los efectos de la meditación sobre el cerebro, han determinado que la meditación practicada con regularidad produce cambios beneficiosos y permanentes en el mismo. [28]

....

[28] Existe abundante información sobre los efectos de meditar, entre tanto tenemos: *Según investigadores de la Universidad de California, los meditadores expertos muestran una mayor actividad de la enzima telomerasa, encargada del mantenimiento de los extremos de los cromosomas —los denominados telómeros—, lo que redunda en un retraso del envejecimiento celular. De forma contraria, se ha visto que el estrés crónico reduce la actividad de esta enzima.* Leer más:http://www.lavanguardia.com/estilos-devida/20150123/54424664971/meditar-es-bueno-para-elcerebro. html

Como venimos afirmando, la primera persona que se beneficia con el ejercicio de la meditación contemplativa en acción somos nosotros mismos. A medida que nos experimentamos como amados, aprenderemos a amarnos y amaremos a los otros. Permaneceremos observando nuestra coherencia en nuestra manera de ser, y en consecuencia de vivir. *Es importante dejar crecer la matita, sin tener que estarla revisando,* si, estar pendiente de su condición de vida: aire, luz y agua.

I.2. PREMISAS NECESARIAS PARA EL DESARROLLO Y DISFRUTE DEL CAMINO

Una nueva visión de Dios nos lleva a una nueva visión de nosotros mismos.

El propósito de este método es para todas y cada una de las personas, que leyendo el libro y hagan resonancia con él, es que se propongan a:

- Disponerse de forma sistemática a seguir los lineamientos expuestos.
- Entrenar de forma sistemática, el ejercicio que corresponde a cada escalón o paso en el proceso evolutivo.
- Ir tomando conciencia que a medida que hago los ejercicios con la regularidad indicada se va obteniendo una percepción diferente de todas las cosas, personas y del resto del mundo, especialmente de sí mismo.
- Observándose a sí mismo en cada momento se va aprendiendo a ver sin juzgar. Mandato que se ha escuchado desde siempre en la vida de todo cristiano: No juzguen, y no serán juzgados; no condenen y no serán condenados (Lc 6,37). No juzguen y no serán juzgados. (Mt 7,1)

- Comprometerse consigo mismo es fundamental.
- ¿Qué nos proponemos? Objetivo Fundamental: Aprender a orar orando, a nacer naciendo de nuevo. (cf. Jn3,3)
- Concienciar que la meditación contemplativa es un antiguo y olvidado concepto de Oración.
- Si queremos llegar a Dios es necesario lanzarnos por el Camino de la humanización del ser.
- Llegar a ser mejores oyentes que buenos parlantes (2 orejas y una boca).
- Ir hacia la coherencia y cohesión.
- Prudencia.
- Alcanzar cada vez más una mejor percepción (Unidad).
- Recibo y acepto de Dios lo aceptable y lo aparentemente inaceptable.
- Se pueden presentar dificultades en cada uno de nosotros de acuerdo a los diferentes grados de apego a la imagen de sí mismo. Y ese apego se hace sentir como una necesidad.
- Percepción inocente, hacerse como niños.
- ¿Estás listo para unirte a los que deseamos beber vino nuevo en odres nuevas?

Como autora de estas páginas espero en Dios, y en su Amor que se encuentra dentro de ti y dentro de mí, que se comprenda que este libro está dirigido a ti personalmente y que llegue el día que comprendamos que es verdad que el otro es mi espejo, es decir cualquier prójimo que este cerca de mi por una u otra circunstancia y que sin el otro mi *yo* no *es*. Pero por favor no pretendamos peinar al espejo antes de peinarnos primero nosotros.

Mi semejante es mi espejo y como se ha dicho antes, sin el

otro no soy *yo y sin todos no somos colectividad*. Eso es verdad, pero procuremos ser cada vez una comunidad digna de nuestro Maestro. Si observamos con detenimiento las Sagradas Escrituras, cuando Dios le hablaba a uno de sus profetas le hablaba de forma personal. El mismo Cristo es verdad que le habló a multitudes pero Él fue escogiendo a sus apóstoles uno por uno y cuando les hablaba les hablaba al corazón de cada quien, no se estaba refiriendo a otros no presentes.

Sólo desde la decisión profunda de la persona, como respuesta al llamado de vivir en verdad, fe y esperanza hasta llegar al AMOR. Seguiremos en el Camino que produce algo más allá de una *metanoia*, alcanzando cambios de la línea limítrofe de nosotros mismos, originando experiencias hacia la identidad divina, ensanchando nuestros límites hacia la humanidad. Paradójicamente se palpa que la verdad del ser humano en general, y la verdad de nosotros mismo en particular, se hunde en el *misterio*, y por tanto, el conocimiento de sí es algo factible y loable pero nunca agotable.

I.3. BENEFICIOS QUE CONLLEVA LA PRAXIS DEL MÉTODO

- El trabajo personal repercute en todo el entorno familiar, laboral, comunidad-Iglesia- y del resto de la sociedad.
- Autorreferencia -Cristo referente- Libertad interior
- Ligero de equipaje
- Inteligencia corporal, mental, emocional y espiritual en coherencia.
- Primero aceptación y comprensión propia, esto nos conduce a aceptar y comprender al otro. Te lleva a ser más eficiente y eficaz en las labores propias.

- Sentir el fluir del Amor original
- Creatividad
- Concienciar los actos inconscientes haciéndolos conscientes, es decir empezamos a vivir en conciencia en cada momento. O lo que es lo mismo vivimos en estado de doble atención en el afuera y en el adentro.
- Se suscita una profunda transformación en aquel que toma el camino que conduce a alcanzar el permanecer en la Presencia
- Este será tu método mientras consigas los mejores resultados en aquello que buscas o deseas alcanzar.
- Dirigirnos y ordenarnos en Dios y a Él o estar en la Gracia de la Fuente Original y permanecer en ella, es lograr operar desde lo más sutil.

Todo esto es el fruto de estar atentos a la toma de conciencia de cada uno de nuestros actos.

Y si alguien me preguntase ¿qué es lograr operar desde lo más sutil?, emularía a Jesús cuando les dijo a sus futuros discípulos… *Vengan y Vean* (cf. Jn 1,35-39) Vengan y vean por ustedes mismos. No es cuestión de creer es cuestión de experiencia. Es una gran oportunidad de reorientar la vida.

Parte I
LOS INICIOS

Capítulo II

DUALIDAD, DOS ASPECTOS DE UNA MISMA REALIDAD

II.1. Del campo Dual a la Unificación
II.2. Dialéctica Cristiana
II.3. Revelación en el Hecho Cristiano
Preguntas recomendadas para después de haber leído este capítulo

> *Ustedes me verán porque yo vivo en ustedes.*
> *Ustedes en mí y yo en Mi Padre* (Jn 14,15)

"...cuando una persona está apegada a cualquier cosa de la vida, no puede tener atención, no puede desarrollar el espíritu de observación, que es el espíritu de síntesis, y por lo tanto está constantemente debatiéndose dentro del conglomerado de efectos experienciales (separación) que lleva arrastrando desde el principio de los tiempos. Me parece que podríamos decir: ¡basta!, y empezar de nuevo, reorientar la vida"

V. Beltrán Anglada

Parte I

Capítulo II

DUALIDAD, DOS ASPECTOS DE UNA MISMA REALIDAD

II.1. DEL CAMPO DUAL A LA UNIFICACIÓN

Permaneced en el que lo mantiene todo unido
(Frase acreditada a Pitágoras)

Partimos del conocimiento bíblico: *y viendo Dios que todo era bueno hizo al Hombre (hombre y mujer)* [29] *y lo hizo a su imagen y semejanza* (Gn1, 25-26). La primigenia pareja se encontraba en

---
[29] Cada vez que hablemos del Hombre nos estamos refiriendo a hombre y muje .

la plenitud de la Totalidad, Dios los colocó en el llamado jardín del Edén y les comunicó que podían servirse de lo que quisieran pero que no comieran del árbol del conocimiento del bien y del mal [30] los estaba protegiendo de la muerte, sin embargo estos quisieron saber cómo era ser diferentes y entraron en comunicación con la serpiente [31], olvidándose de su totalidad, quisieron probar cómo sería ser una parte del todo y se separaron del Todo.

Nos basamos en el paradigma de la naturaleza en donde todo es dual, todo tiene polos y todo su par de opuestos; los semejantes y desemejantes son los mismos; los opuestos son idénticos en naturaleza, difiriendo sólo en grado; los extremos se tocan; todas las verdades, son medias verdades, todas las paradojas pueden reconciliarse. Para reconciliar esta dualidad, en la cual nos encontramos permanentemente, y siguiendo el deseo de ir hacia la unificación con nuestra Esencia, es necesario observar muy profundamente en que paradigma nos encontramos.

Para trabajar la Dialéctica partimos de las paradojas que derivan del léxico *paradoxal* que proviene de dos palabras griegas: *doxo* (opinión-enseñanza) *para* (contra), es decir, más allá de la enseñanza o más allá de la opinión. Una paradoja surge cuando has empezado a reconciliar aparentes contradicciones, conscientes o inconscientes. Concluimos que Paradoja es la capacidad de vivir con las contradicciones sin hacerlas mutuamente excluyentes, dándonos cuenta de que a menudo pueden ser a la vez / y en vez de..

Recordemos una frase de G.K Chesterton quien dijo que *una paradoja a menudo es una verdad que se coloca en la cabeza para llamar nuestra atención.*

---

[30] Ver Gn 2,16-17.

[31] Es importante observar como algunas culturas tienen a la serpiente como símbolo de conocimiento o sabiduría.

Dialéctica: La entendemos como el proceso de superación de aparentes opuestos por el descubrimiento de una tercera intercesión. La tercera vía no es simplemente una tercera opinión, es un tercer espacio, un receptáculo de existencias, donde se celebrará la verdad en ambas posiciones sin descartar ninguna de las dos. Incluso ya sabemos que lo que desune también une, ejemplo un *puente*. A menudo se convierte en la *construcción de la casa de la sabiduría* (Pr 9,1-6). Es realmente el fruto de una mente contemplativa.

Este proceso dual está presente en cada estación de la presente metodología. Primero es necesario reconocer la naturaleza dual de nuestro ser en cada uno de estos momentos, es decir en cada paso, estar atentos a lo observado por el observador. *Distinguir para unir* decían los sabios.

El estado de contemplación nos da una capacidad interior para vivir con paradojas y contradicciones. Se trata de un salto cualitativo en nuestra tolerancia a la ambigüedad y al misterio. Más que cualquier otra cosa, esta nueva forma de procesar el momento es lo que nos mueve de la mera inteligencia, o información correcta hacia lo que entendemos normalmente por sabiduría o pensamiento no-dual.

Paradójicamente la mente moderna no tiene casi ninguna formación en los procesos de pensamiento dialéctico o la forma de pensar. De hecho, lo que a menudo significa ser *inteligente* es la capacidad de hacer más y más *¡inteligentes distinciones!* Y de toda forma al final experimentaremos las cosas en su totalidad.

Si observamos la figura del Triángulo en el gráfico al final de esta descripción, veremos que entre escalón y escalón y entre fe (pasado) y esperanza (futuro), ambos polos se encuentran interceptados por la línea del eje del Ser (Amor) que nos da un punto central, que nosotros le hemos llamado el punto cero, en él, ambas polaridades se anulan o se suman como la suma del espectro de colores, encontramos el vacío. En contemplación meditativa decimos que dejamos de ser nosotros para que el Ser sea en la persona que contempla, de allí la experiencia de la totalidad. Sólo en el vacío hay Presencia pura, sólo en el vacío hay Verdad absoluta, todo es fluir fluyendo. La desorientación se produce en la confrontación del alma con la Verdad.

Todo lo que está oculto y manifiesto se ha llegado a conocer a través de la Sabiduría. En *ella hay un espíritu que es inteligente, único, múltiple, sutil, vivo, incisivo, lúcido, invulnerable, benevolente, confiable, imperturbable, quien lo ve todo; la Sabiduría penetra y permea todas las cosas, ella es el espejo sin mancha de la potencia activa de Dios. Ella es una, y hace nuevas todas las cosas, y en cada generación pasa a las almas santas* (cf. Sb 7,21-27).

Igualmente la historia de la espiritualidad nos dice que tenemos que aprender a aceptar la paradoja, o nunca amaremos de verdad, ni la veremos correctamente. Aparentes contradicciones no son impedimentos para la vida espiritual, que son parte integral de la misma. Esto anima a abandonar las facultades críticas, sobretodo la necesidad de juzgar. Es sumamente necesario hacer el ejercicio de no juzgar, para darle descanso y orden a la mente. El pasaje bíblico, nombrado anteriormente, que personifica la sabiduría (*Sophia*), es una descripción detallada de cómo se ven las cosas, paradójica y contemplativamente. Es curioso que las Escrituras llamen a esta sutil visión *ella*, que en una cultura patriarcal es una manera *alternativa* de nombrarla.

Se ha dicho que la pérdida de pensamiento paradójico es la gran ceguera de nuestra civilización, que es lo que muchos de nosotros creemos que sucedió al reprimirse el lado femenino de nuestra vida considerada como el lado inferior. La comprensión de la complementariedad se perdió con esta discriminación, fue una pérdida de la sutileza.

Cada uno de nosotros debe aprender a convivir con la paradoja, o no podremos vivir en paz o felices ni un solo día de nuestras vidas. De hecho, incluso hay que aprender a amar a la paradoja, o de otra manera nunca alcanzaremos la sabiduría, ni sabremos perdonar, o poseer la paciencia de las buenas relaciones. *Espejos sin tacha,* como dice la Sabiduría, *reciben toda la imagen, que es siempre la oscuridad, la luz, y los matices sutiles de la luz que hacen figura, forma, color y textura hermosa. No se puede ver en la luz total o en la total oscuridad. Se debe tener variaciones de la luz para poder ver.* [32]

Diferenciar para Unir decían los sabios, de hecho es un principio que se usa en la química y en la farmacia. La unidad es la reconciliación de las diferencias, mientras que éstas se mantengan o se superen. Se debe distinguir realmente las cosas y separarlas antes de que pueda unirse en cualquiera de los ámbitos, ya sea físico, mental o espiritual.

Observaremos en este tarea interior, en sí mismos nos va torneando con luces y sombras, sin desechar ninguna y aprendiendo a vivir entre ambas.

Al percatarse de la figura del Triángulo, su contenido y proceso nos daremos cuenta, que se van dando dialécticas entre una estación y otra, así como de ambos lados de la vertical central que va de la base al vértice superior del Triángulo, es decir en cada intercepción existe dialéctica. Las dialécticas nos hacen vivir en estado de atención, experienciando y superando cada vez mejor cualquier circunstancia que nos hacía sufrir en el pasado. Haciéndonos cada vez más conscientes y responsables de nuestra existencia, pudiendo hacer los cambios apropiados.

....
[32] Cf. ROHR, R., *Paradox* Adapted from The Naked Now: Learning to See as the Mystics See, pp. 143, 144-145; and Holding the Tension: The Power of Paradox, disc 2.

II.2. DIALÉCTICA CRISTIANA

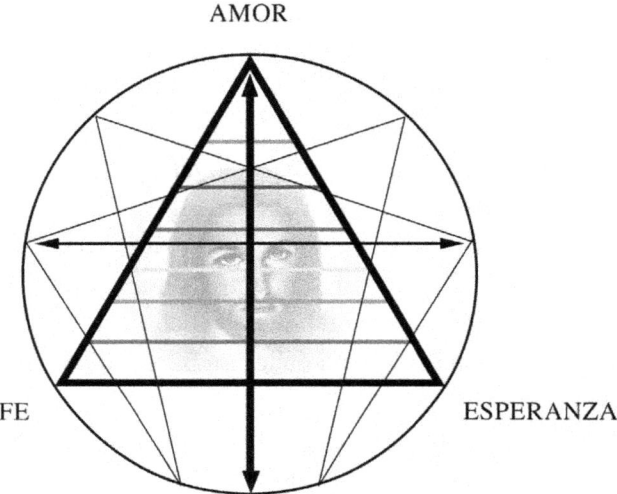

Llamada Dialéctica Cristiana puesto que al entender por Dialéctica al proceso de superación de aparentes opuestos (*Fe-pasado* y *Esperanza-futuro*) [33] por el descubrimiento de una tercera intercesión (*Amor- Presente*). La tercera vía no es simplemente una tercera opinión. Es un tercer espacio, un receptáculo de existencias, donde se celebra la verdad en ambas posiciones sin descartar ninguna de las dos. Acá la opción o tercera intercepción es la persona de Cristo.

....

[33] Muchos estarán pensando que no hay oposición entre fe y esperanza, sin embargo, si recordamos algunos momentos de nuestras vidas, observamos cuanta duda hubo si era fe o esperanza lo que teníamos en el momento o era: ¿en este momento x, recurro a la fe o a la esperanza? En incontables oportunidades en las cuales me encontraba dando cursos, charlas o talleres, siempre se me hacían la misma pregunta: ¿Cuál es la diferencia entre fe y esperanza? Esto evidencia el desconocimiento entre una y otra. Como se expresa en otro momento, la fe proviene de una circunstancia del pasado en la que confío o no confío; en cambio la esperanza se encuentra en el futuro, es algo en que esperamos. Son dos aspectos de una misma realidad.

Parte I **LOS INICIOS**

Hacer dialéctica entre los *eslabones* del proceso y desplazarse entre ellos

Entre eslabón y eslabón se irán presentando *obstáculos o señales* según nuestra precepción, si los observamos como *obstáculos* nos impedirán llegar al objetivo perseguido y si los observamos como señales, se nos dará las indicaciones a través de nuestra atención en y durante:

- La Meditación diaria que nos permite estar atentos a los espacios de comportamiento de nuestra personalidad.
- Observar al Observador: al estar practicando la meditación se cultiva, de hecho, el observador silencioso, que nos va llevando de eslabón en eslabón, como se va describiendo en cada uno de los procesos.
- En el estado de atención que paso a paso se despierta en nosotros, se va generando un estar despejado que no deja accionar al *ego* [34]. Comenzamos a tener otras formas de comprensión y experimentación del mundo de otras formas y esto se va dando con el tiempo y perseverancia en la práctica.
- Si nos hemos dejado inspirar y mover por el Espíritu Santo, conviviremos en Espíritu y en Verdad con nosotros mismos y con el hermano.
- Se difunde y se profundiza interiormente la idea Santa del Amor; al vivir estas sucesivas experiencias y transformaciones se requiere abordar varios sectores de la personalización, así como las situaciones de la vida vinculadas a ésta.

....
34 Esta es la clave de toda la metodología. Es importante señalar que el *ego* como tal es necesario no así la *egolatría*. Este método nos lleva a mantener al *ego* en su justo lugar. Repetimos la famosa frase de Juan el Bautista: *es necesario que Él crezca y que yo disminuya.*

- Acontece, en consecuencia, una serie de eventos internos que nos van transformando en una persona más humana. Esta transformación se sucede de una forma flexible, y con frecuencia no se sigue con exactitud, es de carácter no secuencial y menos lineal.
- Hemos dicho que *Dialéctica* es el proceso de superación de aparentes opuestos por el descubrimiento de una tercera intercesión, esta 3^{era} intercesiones es el eje del Ser que nos atrae, la Conciencia Crística, es vivir en el eterno presente como instante de Gracia.

II.3. REVELACIÓN EN EL HECHO CRISTIANO

Hemos venido explicando la base de la metodología, lo que hemos llamado el *Triángulo Sagrado*, por ser este símbolo el que nos hace ver la Unidad en la Trilogía. Y la importancia de la simetría en los opuestos y su punto Central o Medio Divino, la maravilla esencial del Medio Divino es la facilidad con la que reúne y armoniza en sí mismo las cualidades que nos parecen ser más contrarías. [35]

Como le dice Pablo a los Efesios

Por Cristo el Señor, el Padre nos predestinó a ser hijos adoptivos y los eligió en Él, siendo el Verbo encarnado, imagen de Dios invisible, Jesucristo, el primogénito de toda criatura, piedra angular de la historia, autor y camino de salvación, es el mediador de la alianza entre Dios y los hombres. (Ef 1,5-13)

Ésta realidad es para nosotros centro de vida y modelo de experiencia integral; por tanto, con el apoyo de la Iglesia como

----

[35] CHARDIN Teilhard, El medio Divino, Alianza Editorial, 2000, p.35

comunidad de creyentes llegamos a descubrir la virtud teologal de la fe como gracia; es así como, descubrimos lo que significa la decisión al llamado: seguir y creerle a Cristo y vivir en consentimiento con su Camino como Vida.

Sólo la perspectiva de Cristo puede absorber y apreciar la paradoja, que es el orden en el desorden, la redención a través de la tragedia, la resurrección a través de la muerte, la divinidad a través de la humanidad. Para Pablo, por lo tanto, la cruz y su poder de transformación es su símbolo, resumen de lo más profundo de la sabiduría divina, que parece simple *locura* para los *maestros de todos los tiempos* (1Cor 2,6).

La celebración compasiva del sentido esencial o tragedia, como lo hace Jesús al morir en la cruz, es el valor final y triunfante de todos los dualismos y dicotomías que nosotros mismos debemos enfrentar en nuestra propia vida. Estamos por lo tanto *¡salvos por la cruz!* La cruz es la piedra filosofal de Pablo o *interruptor del código* para cualquier liberación espíritu-emocional duradera. De donde se deduce nuestra confianza en nuestro Creador, en presencia de la miseria, fracaso, o en presencia de nuestra propia imperfección.

Jesús es diáfano en sabiduría y gestión: viene de parte de Dios, realiza la praxis de su Padre, haciendo realidad su Reino, proyecto que mueve su vida, plasmando las primicias de salvación. Él vive y realiza el misterio del hombre, hay en Él un movimiento desde el hombre hacia Dios y desde Dios hacia el hombre (Puerta 4). Este es el viaje esencial de la vida. Los que siguen al Maestro, confían en Él, se han rendido al Misterio Eterno, *el que escucha la Palabra y la pone en práctica* (Mt 21, 28-32).

Cuando nos colocamos en el punto cero del eje del Ser, estamos en plena conciencia del AMOR, en acción contemplativa, unitiva- no dualista-, e incluyendo todo, hasta *el último enemigo en ser destruido, que es la muerte misma* (1Cor 15,26). Por lo mismo debemos permanecer en El Amor y cuando nos encontramos en esta instancia, no existe ningún tipo de miedo ni a la muerte. Siempre optaremos por el AMOR.

Jesús nos dice que debemos amar incluso a nuestros enemigos. ¿Acaso nuestras imperfecciones, errores o lo que se entiende por pecado no son nuestros primeros enemigos? Justo cuando hacemos plena conciencia de esta situación somos liberados, lo que es lo mismo que decía C. Jung, integrar nuestras sombras. Dios, que es, en sí mismo Conciencia Absoluta, conoce todas las cosas, absorbe todas las cosas, y perdona todas las cosas, para ser que sean lo que son.

Si Jesús nos manda a amar a nuestros enemigos, significa que el mismo Dios lo ordena. Al permitirnos perdonar a nuestro enemigo, que en principio somos nosotros mismos, nos liberamos del miedo de admitir nuestros errores, y este proceso de atención y concienciación vamos integrando al resto de nuestros hermanos *amigos* y los que creíamos nuestros *enemigos*.

PREGUNTAS RECOMENDADAS PARA DESPUÉS DE HABER LEÍDO ESTE CAPÍTULO

¿De qué nos tenemos que convertir?

Metanoia: darle torsión a la distorsión.

¿Cuál ha sido nuestra distorsión?

¿Qué debemos recibir o fortalecer?

¿Qué debemos abandonar o dejar ir?

¿A qué conclusión he llegado?

Parte I
LOS INICIOS

Capítulo III
TRIÁNGULO

- **III.1.** Descripción del proceso en el Triángulo
- **III.2.** De los Diferentes Estadios de conciencia
- **III.3.** De la desconexión (oscurecimiento óntico-miedo) al AMOR
- **III.4.** Trilogía. Virtudes Teologales
- **III.5.** Preparación para llevar a cabo esta praxis

Yo soy El Camino, La Verdad y la Vida:
nadie va al Padre si no es por mí.
(Jn14,6)

Las grandes metáforas de todas las tradiciones espirituales (Gracia, liberación, renacimiento, despertar de la ilusión) testimonian que puedo trascender el condicionamiento de mi pasado para hacer algo nuevo.

SAN KEEN

Parte I

Capítulo III

TRIÁNGULO

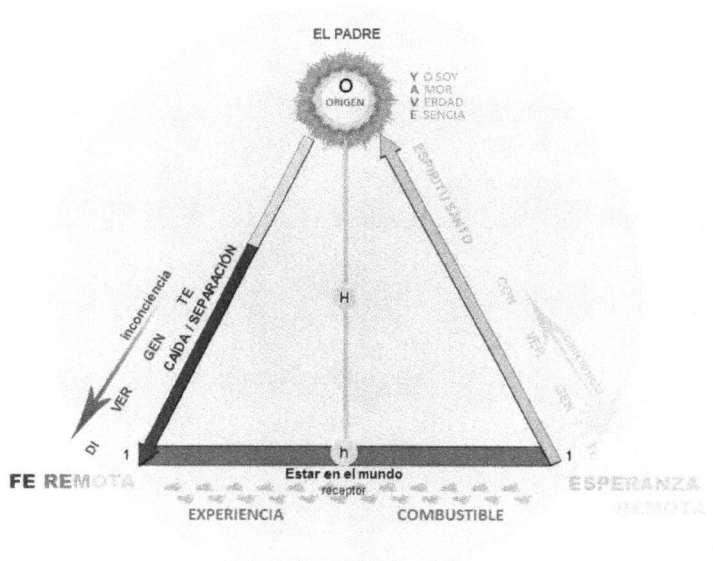

PREÁMBULO

El principio fundamental para deseamos hacer, es el reconocer que La Esencia del Amor se manifiesta en Fe y Esperanza. El Contexto en el que miraremos estas virtudes es de vital importancia, en especial El AMOR, partiendo de la frase de la primera carta de Juan evangelista (1Jn 4,8) *Dios es amor* por lo cual, en este contexto, la escribiremos en mayúscula dándole la connotación divina a la palabra AMOR.

Como se la observa en figura, representa el vértice superior y significa el YO SOY, el AMOR, la Verdad [36], o lo que es lo mismo es la Esencia original, que desde lo alto se derrama y se mantiene en nuestra interioridad manifestada en esta figura como la línea vertical, que va a lo largo y en el centro del Triángulo.

La representación de este Triángulo que vamos a hondar de forma personal, abarca tanto la historia de toda la humanidad como de nuestra propia historia. El camino ha estado desde siempre, de hecho Jesús nos dice *Yo soy el Camino*. Es el momento de decidirnos a responder el llamado, emprendiendo el Itinerario, el cual sólo lo debemos atravesar de forma individual, *es mi decisión y sólo mía*.

Las virtudes teologales adaptan las facultades del hombre a la participación de la naturaleza divina (cf 2Pe 1,4). Las virtudes teologales se refieren directamente a Dios. Disponen a los cristianos a vivir en relación con la Santísima Trinidad. Tienen como origen, motivo y objeto a Dios uno y trino. [37]

Algunos lectores podrían pensar y comentar: *tanto tiempo nosotros siendo cristianos y ahora vienes tu a darnos un método para llegar a la Fuente*, pues les responderé, tengo muchos años siendo cristiana católica practicante y además segura que innúmeras personas de mi generación lo han sido, pero lo que he experimentado con esta metodología, no lo había experimentado en mis largos años de praxis religiosas y estudios teológicos. Definitivamente es un método que nos da conciencia de la Presencia en cada uno de nosotros. Ya muchos conocen la frase célebre de Karl Rahner: *El Cristiano del siglo XXI que no sea místico no será cristiano.*

....
36 La Verdad es el Equilibrio que mantiene unido al Universo. Cristo dijo: *Yo soy El Camino, La Verdad y la Vida.* (Jn. 14,6)
37 Catecismo de la Iglesia Católica #1812

III.1. DESCRIPCIÓN DEL PROCESO EN EL TRIÁNGULO

*En cuanto a nosotros, por el Espíritu y la fe esperamos
la justicia anhelada. Siendo de Cristo Jesús en...;
lo que cuenta es la fe que obra por medio del Amor.*
(Gl 5,5-6)

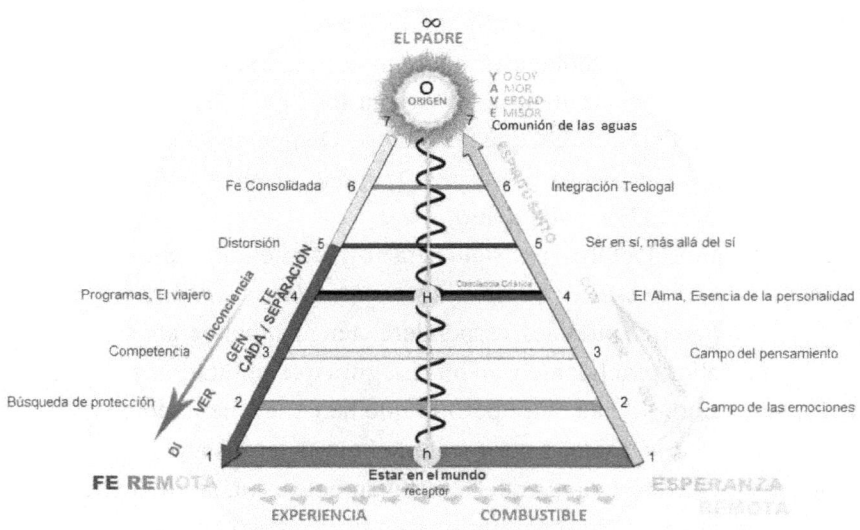

El Triángulo Sagrado ilustra 3 vértices conectados entre sí, como se observa en la figura. Es importante concienciar que este Triángulo se encuentra dentro de la gran unidad, en algunas figuras lo presentaré como lo vemos en este momento, insisto que siempre hagamos el ejercicio de ubicarnos en la esfera del Todo.

El Vértice superior representa El Yo Soy el que Soy (Ex 3,14), el AMOR (1Jn 4,8), Verdad (Jn 4,16) Esencia Original, Fuente o Conciencia Total [38] y sus dos vertientes representadas por la Fe en el lado izquierdo y la Esperanza en el lado derecho. El costado descendiente representa también la *Caída* [39] o Separación de la Fuente Original.

La línea que representa la Fe [40], cuando se encuentra al final de ésta, haciendo vértice con la horizontal más alejada la llamamos *Fe débil o remota*; la línea ascendente que surge del extremo derecho de la horizontal más alejada representa la Esperanza, por encontrarse remotamente lejos de la Fuente Original es una *Esperanza débil o remota* [41] (vértice de la derecha). Esta línea en ascenso hacia la Fuente es impulsada por el Espíritu Santo y la línea horizontal inferior: representa el estar en el mundo [42], estar en el ego con la posibilidad de ir ascendiendo de *campo* en *campo* alcanzando la *esencia* de la *personalidad* o del ser-alma-, ésta se encuentra en el campo de la Conciencia Crística (4ta estación), fundamento y referencia constante que va transformando el camino hasta llegar al Ser Original.

Otra lectura sobre el Triángulo al que nos referimos:

En la base del Triángulo encontramos al **individuo** que está en

---

[38] Es importante recordar que la Fuente o Conciencia nos abarca, sin embargo la representamos en el Vértice y a lo largo de la Vertical, representada en esta figura como una espiral o escaleras de caracol, lo que significa que nuestro camino no es lineal

[39] Querer ser como Dios y sin Él.

[40] Acaso nos podemos preguntar si la necesidad de tener Fe surge, justamente de habernos alejado de la Fuente, parece evidente, pues cuando estemos en el absoluto Amor no será necesario tener Fe. (Cfr. 1Cor. 13)

[41] En el capítulo IV que corresponde al primer campo, explicaré de que se trata la Esperanza remota.

[42] Es bueno recordar que el mundo originalmente es bueno: "y vio Dios que todo era bueno e hizo a las primeras creaturas y las hizo a su Imagen y Semejanza. (Gn 1,26-27)

primera instancia en el mundo (ver II parte del libro, capítulo I).

Costado izquierdo o Divergente, es decir es la línea que representa la separación de la Fuente, de nosotros mismos y del resto de nuestros hermanos y nos lleva a una *Fe remota* o muy débil al encontrarnos lejos del Referente.

Costado derecho o Convergente, nos une a la Fuente por la fuerza del Espíritu Santo y en la medida que se esté acercando a la Fuente, se van consolidando aunadamente la Fe y la Esperanza.

Línea vertical central o Plomada, cae desde el vértice superior atravesando todos los planos hasta llegar al plano de estar en el mundo. Como instrumento nos lleva a medir: *diferencias, ya sea por falta o por exceso*. Nos lleva igualmente a observar el Equilibrio o armonía que sostiene al universo y a cada uno de nosotros. Es por esto que cuando algo nos saca de nuestro equilibrio, caemos en alguna de nuestras propias trampas como los mecanismos de defensa nos desbalanceamos, nos distorsionamos. El referente para mantenernos en equilibrio es el punto cero en el eje del Ser. Vivir en esta Vertical en pensamiento, palabra, emoción y obra es la decisión que nos lleva a ser coherentes y armónicos.

Recordemos que en toda situación conflictiva, las motivaciones humanas están bajo el control de los opuestos, sobre todo cuando se ofrece resistencia entre éstos, de allí el imperativo de ir al centro que nos da equilibrio. Y así seguiremos ocupándonos de adentrarnos estación por estación manteniéndonos en el Eterno presente, en el *aquí y ahora*. Más adelante en cada capítulo se describirá cada estación o campo de acción.

III.2. DE LOS DIFERENTES ESTADIOS O CAMPOS DE CONCIENCIA

Muchas cosas me quedan por decirles, pero ahora no pueden comprenderlas. Cuando venga él, el Espíritu de la verdad, los guiará hasta la verdad plena. Porque no hablará por su cuenta, sino que dirá lo que ha oído y les anunciará el futuro. Él me dará gloria porque recibirá de lo mío y se lo explicará a ustedes.
(Jn 16, 12)

Se consideran cuatro niveles de existencia del ser humano (corporal, mental, emocional y espiritual) Recordemos que somos un todo por lo mismo, estos campos no se encuentran delimitados unos de otros, sino interactuando los unos con los otros, lo que nos lleva a concienciar que somos tridimensionales y que esta figura es sólo una manera de visualizarnos con mayor nitidez:

> **1. Nivel corporal:** La horizontal inferior, simboliza el cuerpo que se identifica con su personalidad o estar en el mundo (vivencia del momento)
>
> **2. Nivel** o campo **de los sentimientos y emociones**
>
> **3. Nivel mental o del pensamiento**
>
> **4. Nivel de transición entre lo humano y lo divino**
> (considerando siempre que es un campo que se difumina entre uno y otro campo, teniendo presente que lo divino es en nosotros, no hay división. Es una forma de representar los diferentes estadios que pueden existir). En este Nivel se encuentra el campo del Alma o de los Programas.

Desde el primer campo o nivel hasta este cuarto, observamos lo más evidente: A partir de esta Puerta se entra a niveles inmensurables es lo que se ha dado a conocer como niveles espirituales, sin embargo sabemos que el espíritu como tal se encuentra a lo largo de toda la persona. Podríamos decir que cuando nos encontramos en el punto cero en el eje del Ser, es el Espíritu Santo quien habita y se manifiesta en nosotros.

> **5. Puerta espiritual o trascendente**: *Ser en sí más allá de si*
>
> **6. Puerta de Integración Teologal**
>
> **7. Nivel Superior** o Campo de Intensión Pura

La línea vertical central que representa el punto cero, unifica o divide al Triángulo dependiendo del observador [43], es la línea que indica ascenso o descenso, sugiere que nosotros vamos *hacia arriba* [44], desde el yo ego hasta el *Yo Superior*, pasando por el nivel existencial del *Cristo Interior*, también significa como se explica en otros momentos el punto de encuentro con el que es AMOR y cada vez que nos colocamos allí lo hacemos en conciencia que estamos dejando a Dios ser en nosotros. *En realidad es ir hacia el interior*, no existen arriba o abajo en la forma en que una escalera tiene peldaños.

Todas las partes del yo son necesarias, igualmente necesarias, para la completación del individuo, sólo que no podemos empezar desde lo que está en el interior, tenemos que empezar desde *nuestra superficialidad, donde nosotros actualmente nos encontremos*. De igual forma esta vertical interior, irá en descenso, como lo convino nuestro Hermano mayor que siendo Dios se hizo Hombre (*kénosis*), para que nosotros los hombres llegáramos hasta Dios.

De esta manera nosotros también *decidimos bajar* para llevar a los otros todo el AMOR [45] y Verdad recibida. Esta línea también representa a la espiritualidad a lo largo de todo nuestro ser en menor o mayor grado. En la medida que nos encontremos más hacia la Conciencia Crística que es lo más cercano a la totalidad y nos lleva hacia la Esencia Original. Es decir a medida que estemos más cerca del *Yo Superior* tendremos más pureza de corazón, de intención.

....

[43] Funge de cuerpo calloso que une los dos hemisferios. Puente que armoniza todas las dialécticas, punto de adhesión de los polos opuestos y camino hacia la Unidad. Es importante concienciar que estos movimientos son en espiral, como lo intentamos representar en una de las figuras

[44] Emergencia Crística, es el Amor de Dios, quien por su Hijo nos absorbe, elevándonos hacia sí.

[45] Teresa de Jesús nos dice al respecto: *La mejor manera de descubrir si tenemos el amor de Dios es ver si amamos a nuestro prójimo*; La perfección verdadera es el amor de Dios y del prójimo; *Quien no amare al prójimo no os ama, Señor mío*.

También se puede decir que, cuando acontece la primera separación de la Unidad [46], Dios nos promete un salvador y nos envía a su Hijo. Esta vertical, sirve de hilo conductor como esencia que unifica, señalando nuestra relación con la Fuente Original; observamos como el Hijo se mantiene siempre alineado con la Verdad, Amor y en la Voluntad del Padre. Nunca se separó de Él por ende nunca pecó.

PUENTES ENTRE LOS DIFERENTES ESTADIOS DE CONCIENCIA

Dentro del Triángulo encontramos una especie de escalones que además de hacernos entender el Camino a transitar, fungen de puentes en el transcurso del viaje, y actúan como filtros en determinados momentos, sobre todo cuando aún no estamos preparados para dar el próximo paso. En principio, podemos ver que también constituyen las diferentes puertas de los *campos* en que nos encontramos. Algunos estudiosos del comportamiento de los seres humanos, plantean que estos diferentes estadios son equivalentes a los diferentes personajes o estados de conciencia que pueden habitar en una misma persona.

Visto como un esquema, encontramos en el camino distintos estadios diferenciables en consideración que el individuo tiene cuatro niveles de existencia: Materia (biofísico), Emoción, Mente y Espíritu.

El primer escalón lo situamos en el nivel cuerpo o *soma*, es

---
[46] Es interesante observar cómo, en el relato bíblico sobre la creación, en el primer día y en el segundo día de la creación Dios nos dice que es bueno, en el 1er día Dios separa la oscuridad de la luz, y el segundo día es la separación de los cielos por encima y por debajo de la tierra de (Gn.1, 3-8). En cambio Jesús como el Unigénito es ícono de la unidad de los aparentes contrarios, igualmente se observa en la línea media del Triángulo lo que puede separar es la misma línea que nos une.

el *campo* más lento, más denso y de menor vibración por ser el nivel material y, es en el cual nos encontramos pegados a la tierra, es allí en donde damos nuestros primeros pasos. Es de color rojo que nos indica alerta, no debemos quedarnos aquí, hay que avanzar. Sabemos que debemos continuar avanzando, no podemos seguir anclados a la falda de nuestra madre (tierra), aquí tenemos que sobrevivir y de allí pasamos al segundo escalón o nivel emocional [47].

Superado el nivel anterior, observamos que entramos en la zona de las emociones, las cuales con regularidad se encuentran en estado de caos-orden, orden caos; seguidamente en el nivel inmediato encontramos a los pensamientos que se encuentran de igual forma caos-orden, orden–caos. Tomamos conciencia de esto y llevamos nuestra mente al punto cero o vacío-estado de silencio-. Esta acción es indispensable, para darnos cuenta del proceso mental que experimentamos, el cual nos induce a lograr coherencia en convergencia con nuestras ideas y con nosotros mismos.

En el *campo del pensamiento*, se manifiesta la competitividad en la cual subyace la inseguridad de donde emergen los desencuentros entre hermanos, amigos, compañeros y hasta con los mismos padres (de hecho esto se observa en los niños cerca de los tres años en adelante). Esta competitividad se va extendiendo con todos aquellos con quienes entramos en contacto (el resto de la sociedad) y de una u otra manera al subir o bajar estos escalones. Lo hacemos de forma totalmente inconscientes de nuestros actos, por decirlo de alguna forma.

Esta 3^{era} estación representa el campo de los pensamientos que dan lugar a las emociones [48], que son respuestas hormonales en busca de protección y seguridad del individuo en desarrollo inconsciente. El

....

[47] Este segundo nivel se encuentra ubicado entre el soma y el pensamiento, pues de acuerdo al pensamiento el soma emite hormonas que se traducen en energía en movimiento o emociones.

[48] Este tema se desarrolla en el Cap. VI

sujeto descubre cómo manipular dichas emociones, de lo que se deriva el origen de los mecanismos de defensa.

La persona al seguir en evolución entra en un terreno en donde se manifiesta con mayor ahínco la sustitución de lo faltante; en este momento se ha llegado al cuarto escalón [49]. Todo este proceso que es análogo a nuestra transformación cronológica, simultáneamente con una trascendencia psico-espiritual, recordemos siempre que somos: cuerpo mente y espíritu. Sin embargo no siempre es así.

Al observar el mundo en que vivimos, nos damos cuenta que en algunos individuos el cuerpo crece simultáneamente con la mente y el espíritu, en otras personas sólo se desarrolla el cuerpo y la mente descuidando el espíritu; podríamos decir que este último es el caso más común, ya sea por olvido o por desconocimiento. En otros casos se observa un crecimiento desproporcionado entre cuerpo, mente y espíritu. Si seguimos el orden natural de nacer, crecer y desarrollarse, llega el momento en que nos hacemos adultos y caemos en cuenta que hay algo más allá de lo que siempre hemos creído y hemos hecho, y que esas muchas de las cosas (experiencias) ya no nos conviene.

Es algo así como, que empezamos a despertar justo por haber tomado conciencia de nuestro espíritu. El espíritu es el dominio más profundo; es el lugar de nuestra interconectividad con la Mente Infinita del Ser Original. Es el campo de la potencialidad pura. El acceso al mundo espiritual a través de la práctica diaria de la meditación te abre el camino hacia el conocer y el permanecer en el Amor de Dios Padre/Madre y del Hijo por su Santo Espíritu.

....

[49] Es importante reconocer que los primeros tres escalones son la base del cuarto y de igual modo de acuerdo a la evolución del cuarto también va a depender de la evolución de los 3 primeros planos. Así como acontece en nuestro ser cronológicamente hablando, de igual forma acontece en nuestro ser psico-espiritual, mas no sucede de forma simultánea, como si sucedió en Jesús que crecía en estatura, sabiduría y en gracia para con Dios y los hombres. (Lc2,40)

Parte I **LOS INICIOS**

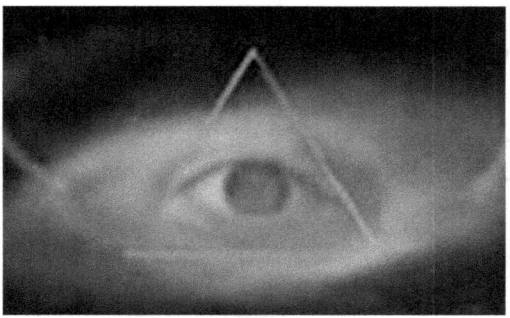

El Ojo de Dios nos empieza a mover toda nuestra espiritualidad, la cual progresivamente se fue durmiendo con el paso del tiempo. De esta manera empezamos, en consciencia, a hacer torsión (cambio-*metanoia*) a lo que había sido distorsionado, es decir lo que dirían nuestros abuelos empezamos *a enderezar el camino* cada vez que regresamos al eje del Ser, graficado con la vertical, que cae como una plomada desde el vértice superior del Triángulo, y ya en este momento hemos entrado por la Puerta en el 4to escalón. Cuando estamos en la búsqueda del faltante nos encontramos con Cristo, quien siempre ha estado allí, pero como dice la frase célebre de San Agustín: *habíamos estado buscando afuera lo que tenemos dentro.*

Es a partir de *ser en sí mas allá de sí* (5to escalón) cuando vamos obteniendo la síntesis de contrarios e *integración teologal* (6to escalón) y luego la misma atracción divina nos hace llegar al AMOR (7mo escalón) *comunión de las aguas, La Fuente recibe a su afluente* que interactúa de inmediato con el 8vo escalón también llamado el 8vo día o día de la Resurrección.[50] (Dios Persona). Si giramos el ocho en forma horizontal (∞) es encontrarnos con el infinito, es allí en donde decidimos por Gracia regresar a buscar a nuestros hermanos

---
[50] Cada uno de estos pasos se detallarán en sus respectivos capítulos.

para compartir la infinitud del AMOR, como lo han hecho algunos antecesores, [51] regresar a buscar al resto [52]. Cuando giramos nuestro rostro hacia abajo, observamos el escalón 9 (es el escalón 6 cuando vamos de subida) que nos conduce de regreso, fungiendo de semilla que cae a la tierra al plano 1 punto 0 conformando la estación 10 o concreción del Proceso.

Es entonces, cuando podemos comunicarles a nuestros hermanos que el cielo es real y que Dios Padre/Madre nos espera deseando que todos se dejen ascender por la *emergencia Crística* (Teilhard de Chardin), hasta llegar a la Casa Paterna, en plena decisión. Es así como el grano que muriendo a sí mismo (9), cae a la tierra, para que otros crezcan en un nuevo ser.

La metodología retoma la integridad cuando tomamos conciencia de cada paso. Nos preparamos para pensar, hablar, sentir y actuar de una manera coherente y cohesiva, profunda, más amplia, y más variada, por tal razón nos disponemos a no escuchar lo que dicen los ortodoxos de cualquier disciplina, pues esta metodologia es teoria absolutamente práctica y desde la praxis se llega a la teoría. De cada uno de nosotros dependerá si nace o no a una nueva vida, sin embargo nuestro Creador continúa esperando por nosotros, dàndonos siempre mas oportunidades, otras vías.

---

[51] En la mitología sobre Enoc, se dice que después que este fue llevado al cielo en el carro de fuego, este le pide permiso a Dios para regresar.
[52] Ya sabemos que nadie llega sólo al cielo.

Parte I **LOS INICIOS**

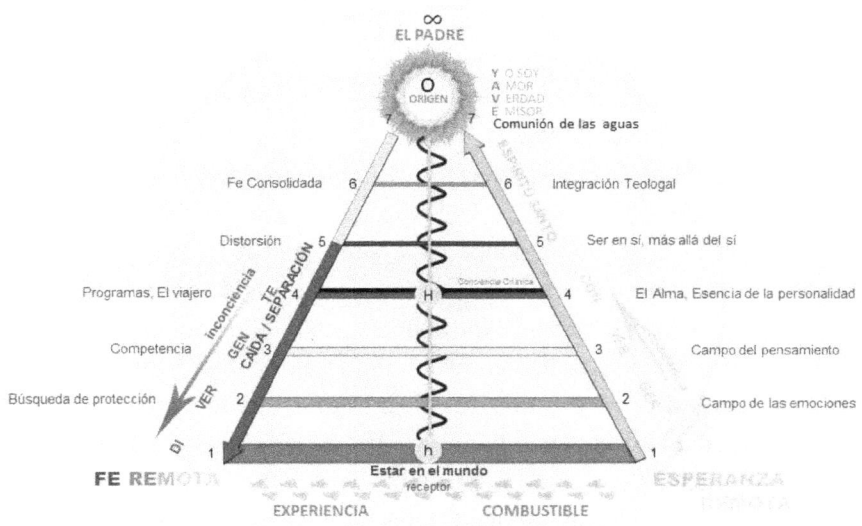

La línea base es más gruesa, muestra una capa roja que indica la densidad en que se encuentra la persona en el primer plano como entidad situada en el mundo, psicológicamente hablando podemos llamarle el plano de la personalidad, lo que la persona cree ser, o lo que representa o cree representar.

Enseguida observamos el 2do peldaño representado por el color anaranjado. Es el plano de las necesidades inconscientes descrito en la mayoría de las veces como emociones originadas por el sistema hormonal, producto de los pensamientos dando lugar al 3er plano o de la mente donde acontece el discernimiento y cobra existencia por la palabra. De acuerdo a las pautas de los pensamientos, estos activarán a los diferentes tipos de organismos que se movilizan liberando hormonas que fortalecen o debilitan nuestro sistema inmunológico como la hormona serotonina, si nuestros pensamientos son positivos y a la adrenalina [53] y el cortisol si son pensamientos negativos como la rabia el odio, rencor o resentimiento.

Luego encontramos el 4to campo que vamos a llamar la dimensión del alma o *yo real* en donde comienza la instauración de la integración *Inmanencia-Trascendencia*, también le podríamos llamar el Peregrino pues se encuentra viajando entre el *no yo* [54] y el *Yo* [55] y viceversa. [56] Es el punto en donde la persona se encuentra atraída por la fuerza de la experiencia y al mismo tiempo es movido por el Espíritu Santo o Fenómeno Crístico. El individuo va tomando conciencia de la Gracia y desde Ella se va haciendo autónomo, no se deja llevar por las circunstancias sino que, asume que es un ser agraciado al encontrarse en referencia al Hijo de Dios Padre/Madre, haciendo su voluntad una con la divinidad. Pero como peregrino va y viene, su quehacer debe dirigirse a centrarse en mantenerse conectado con la Esencia Original, mantenerse en el *aquí y ahora* con la Presencia. También le hemos llamado a esta instancia Campo de los Programas que se proyectan en los 3 planos inferiores.

....

[53] Es del conocimiento común que esta hormona se produce en estados de alerta o de emergencias, situaciones o momentos de máxima tensión como el estado de estrés.

[54] El *Ego* es, para la psicología, la instancia psíquica a través de la cual el individuo se reconoce como yo y es consciente de su propia identidad. El ego, por lo tanto, es el punto de referencia de los fenómenos físicos y media entre la realidad del mundo exterior, los ideales del superyó y los instintos del ello.- http://definicion.de/ego/#ixzz3RxJomn6L, 8/6/2014

[55] *Self* que cuando se comporta como el viajero o peregrino (en estado de descenso o involución) actúa como una estructura psicológica múltiple y fluctuante, y cuando actúa como mi yo interior-yo Crístico- (en estado de ascenso o de evolución conectado con la Esencia Original es coherente y unitario. Cfr. http://www.aperturas.org/articulos.php?id=0000227&a=El-self-comouna- estructura-relacional-Un-dialogo-con-la-teoria-del-self-multiple

[56] Yo Soy el que Yo Soy, Esencia Original.

Recordemos aquellas palabras de Jesús Maestro:

Mi Padre y yo somos uno, yo estoy en mi Padre y el Padre está en mi (Jn 14,11); ... *Yo estoy en mi Padre y ustedes en Mí y Yo en ustedes* (Jn 14,20); *Si se mantienen en mi palabra serán verdaderamente mis discípulos y conocerán la verdad y la verdad los hará libres* (Jn 8,31-32).

Estos *campos* se van superando, por así decirlo, a medida que nos vamos ejercitando diariamente en cada estación (oración diurna y nocturna) [57]. Tomaremos un tiempo, en sumo 2 veces al día, al levantarnos y antes de acostarnos. Haremos el ejercicio de colocarnos en el Punto cero del fluir del Ser Original y de cada peldaño de los planos horizontales [58]. Haciendo el ejercicio se perciben datos, el que le da sentido a los datos es el observador ubicado en cada uno de los planos horizontales, de acuerdo a la lógica que le demos al dato tendremos una u otra experiencia. El Ser original nos vuelve conscientes, a través de nuestras propias diferencias en la distorsión a las cuales les vamos dando torsiones de acuerdo a la *metanoia* aplicada. El Ser Original se encuentra antes de la Existencia, Intensión Pura.

En el lado que corresponde a la Esperanza (Espíritu Santo que nos impulsa al ascenso) se encuentra el espacio de múltiples posibilidades: una estructura de información, en la cual los escenarios de todos los acontecimientos posibles están almacenados. El número de variantes es interminable, como el número infinito de posiciones de un punto en la red de coordenadas (actos de doble atención permanente). Ahí, todo

---

[57] Al irnos ejercitando frecuentemente en esta praxis, los barrotes, que han mantenido prisionera a nuestra conciencia Crística, se irán disolviendo de tal manera que nuestra forma de vida empieza a experimentar la libertad.

[58] Esto es la clave de la meditación, vaciarnos de nosotros para que el Ser sea en nosotros, vaciarnos de nuestro yo egoico para que el Yo Superior habite en nosotros. Se recomienda en principio hacer el ejercicio en cada peldaño por el tiempo prudente para cada ejercitante, no menor de 7 días, esto va a depender del grado de madurez de cada individuo.

lo que fue, lo que es y lo que será, está almacenado [59]. Fe y Esperanza, sobre el eje del Amor (conciencia Pura o campo Unificado). En cuanto vamos subiendo de estación en estación,[60] nuestra conciencia estará en un alto nivel y captaremos las cosas más rápidamente, y observaremos como nuestros pensamientos son más veloces y nos manifestaremos más creativos, comprenderemos nuestros arquetipos más altos de la realidad, aumentando sus manifestaciones en la realidad física. Hasta encontrarnos en el eterno Amor.

---

59 Cristo ayer, hoy y siempre

60 Recordemos que este proceso se da en espiral no en forma lineal, aunque es el Espíritu quien nos mueve y nos mueve según Él.

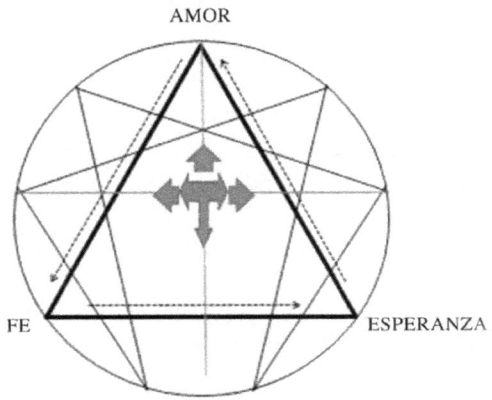

III.3. DE LA DESCONEXIÓN (OSCURECIMIENTO ÓNTICO - MIEDO) AL AMOR

El Triángulo Sagrado ilustra 3 vértices conectados entre sí (como se explica en el capítulo II.1., D del Triángulo).

Cuando con el Padre Nuestro entramos en los sentimientos de Jesús y en la experiencia que los primeros discípulos sintieron, vemos crecer su confianza en Padre/Madre, es decir, experienciamos con ellos como entraron en el eje del Ser de la Voluntad de Dios Creador del Cielo y de la Tierra. Este hábito hace que nos encontremos en el flujo de su Amor por la gracia del Espíritu Santo. Al recordar el Triángulo central del Eneagrama observo que éste señala tres *pasiones* que surgen de, y a la vez perpetúan, el *oscurecimiento óntico*, la desconexión con el ser; lo cual es llamado por las tradiciones espirituales: *caída original* [61]. Cada una de las tres pasiones

----

[61] Gn1,24. Para esta metodología, lo importante es reconocer que hubo un primer momento que nos separamos de la Gracia, de la Fuente Original y esto produce miedo. (*Te oí en el jardín, me entró miedo porque estaba desnudo* Gn3, 10)

capitales ocupa un vértice del Triángulo central eneagrámico: la *Acidia* en el vértice superior, la *Cobardía* (vértice izquierdo) y el *Engaño*-Autoengaño (v. derecho) en los vértices inferiores, como derivados de aquella primera desconexión. Este oscurecimiento óntico es necesario recordarlo sí y solo si en cuanto al reconocimiento en el observador de nuestro máximo pasado. Podríamos decir que por acidia caemos en la desconfianza y por tal motivo nos engañamos (9 → 6 → 3). [62]

Es importante anunciar que sólo en un contexto teológico se puede hablar de *pecados capitales*. El Eneagrama, que se mueve en un contexto básicamente antropológico (psico-espiritual y social) no se refiere a pecados sino propiamente a *pasiones desordenadas*. La diferencia entre *pasión* y *pecado* es que la primera no implica una decisión voluntaria errónea como sí está implícita, en cambio, en la noción de pecado. Las pasiones en cuanto a *resortes psicológicos involuntarios* no llevan en sí mismas connotación moral alguna. Sin embargo, como bien lo señala Claudio Naranjo en *Carácter y Neurosis* [63], las nueve pasiones básicas que señala el Eneagrama son "motivaciones *deficitarias*", esto es, surgen de la desconexión con el ser y a la vez la perpetúan [64].

Según lo que acabamos de leer en lo que conforma al triangulo central del Eneagrama, observamos como existe una correlación entre ésta y la lectura del libro del *Génesis* de las Sagradas Escrituras -relatos de la Creación- como antecedente de las *pasiones desordenadas* como son: *Acidia, cobardía y engaño*.

....

[62] Desde el Triángulo del Eneagrama (ver Tesis: *Personalización Cristiana a la Luz del Eneagrama*), p.24-27
[63] NARANJO, C., Carácter y Neurosis, Una Visión Integradora
[64] Cf. ROA d S. D., Tesis: *Personalización Cristiana a la Luz del Eneagrama*, p.24

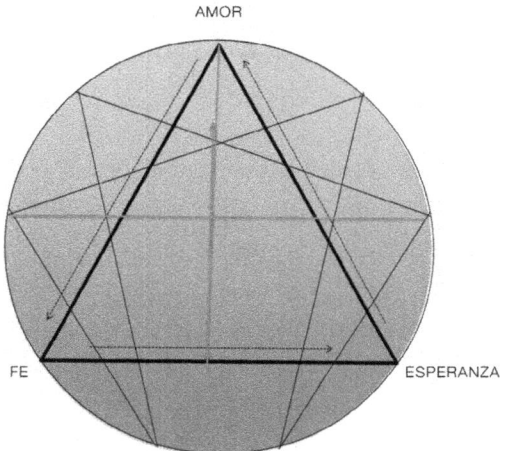

III. 4. TRILOGÍA. VIRTUDES TEOLOGALES

Ya hemos venido observando que el vértice superior representa al AMOR y la línea o costado izquierdo, que va del AMOR a la Fe indica la experiencia de habernos alejado de la Fuente Original, de la necesidad por así decirlo de la primigenia pareja de ser otra, quien no es. De aquí se presume la carga que el ser humano lleva siempre de no estar contento de ser quien es, de *hecho ha dejado de ser* y ónticamente necesita ser ese ser que dejó de ser. Es un modo particular de distorsión de la realidad, es decir, un *defecto cognitivo* de naturaleza motivacional.

La línea o costado derecho, que va en retorno al Ser, de la Esperanza al AMOR es la fuerza del Espíritu Santo que siempre desea elevarnos hacia a Madre/Padre Dios, es decir que nos da *Autonomía*, y vértice inferior derecho, representa la virtud de la Esperanza y el vértice superior del Triángulo Sagrado representa el AMOR- El Absoluto- La totalidad- Dios Madre/Padre. Como se observa nos centramos en las tres virtudes teologales: AMOR-Fe y Esperanza. Colocamos la virtud del vértice superior en letras capitales por ser la que representa a Nuestro Dios Padre Creador, el Absoluto Amor. [65]

AMOR. Observa que empleo esta palabra con todas sus mayúsculas. Esto es bastamente diferente de cuando empleamos *amor* en un significado inferior, como cuando pensamos en el afecto que sentimos hacia algo, o el *amor* en el que pensamos cuando sentimos una profunda conexión con otro. Y cuando hay un torrente de AMOR a través de la conciencia, esto causa una corriente que permite que más

amor sea visible. Una vez que recuerdas tu habilidad para acceder a la energía de Dios, un vacío te mantiene allí para que nunca te caigas a menos que pares de recordar. Meterse en esa corriente de AMOR es simple, sin embargo para algunos no le es fácil. Esta metodología te ayudará a aclarar algunas de las limitaciones que te impiden fluir en el arroyo dorado del AMOR.

El Amor, la Fe, y la Esperanza, son las probidades que precisa el ser para llevar a cabo su viaje a casa. Las virtudes teologales pueden desarrollarse y hacerse más profundas como cualidades del ser que se transforma, y la transformación constituye el salir de la experiencia y entrar en un proceso dinámico llevado a cabo por el combustible de la Esperanza. La Fe ayuda a la persona a profundizar más en la experiencia, más la Fe consolidada nos acerca cada vez más a la Esperanza, de forma que ambas se hacen una en la Unidad del AMOR esencial en su interioridad.

---

[65] Tomado de mi tesis de Maestría: *Cristificación a la Luz del Eneagram*

Parte I **LOS INICIOS**

La linea vertical que va del vertice superior –amor– al primer plano -plano de estar en el mundo- es el hilo conductor de la Gracia que nos guía a ser Cristo referentes.

El amor a la Verdad es motivo suficiente para ponernos en marcha en el Camino. La Fe nos sostiene y nos ha dado apoyo a lo largo de la experiencia; y la Esperanza nos proporciona el optimismo para que la vida se desarrollare de un modo adecuado. Se observa que las virtudes teologales son el reflejo de las Ideas Santas del Triángulo interior en unidad, no separada, y constituyen la realidad desde tres direcciones diferentes. Quien vive la Fe[66] tiene Esperanza de ser Amado, amar y llegar ser en el AMOR. [67]

....
[66] Cuando hablamos de Fe remota, nos referimos a no haber escuchado la Palabra, nos hemos separado de ella.

[67] *Todo el daño nos viene de no tener puestos los ojos en Vos, que si no mirásemos otra cosa que el camino, pronto llegaríamos...* (Teresa de Jesús). (Ver también en GARRIDO,J., *Proceso humano y gracia de Dios* en donde nos habla del primado del Amor y el primado de la Fe-)

Fe: *Ob-audire-* Obedecer: *Ob-audire*: oír: prestar atención a lo que se dice y ponerlo por obra: agudizar el oído del corazón, acoger con gusto, ejecutar con eficacia en Fe. Oír desde el interior del corazón, desde el amor. Es el ejercicio de silenciar el interior de nosotros mismos, dejando espacio para que la Palabra penetre. La primigenia pareja no escuchó a Dios, no le obedeció en cambio si escuchó a la serpiente- dialogó con el envidioso y se retiró del Absoluto Bien-. Ya *había comenzado a pensar ¿cómo sería si no lo tuviera todo o cómo sería si fuera diferente a lo que ya era en el momento?* Y esto hizo resonancia con la *serpiente* [68].

Sobre la fe es interesante la cita del jesuita alemán Karl Rahner:

La fe que se necesita para aceptar el misterio infinito que somos, y la fe que se necesita para aceptar el misterio infinito que es Dios, son finalmente, el mismo acto de fe.

En el evangelio de San Juan encontramos:

Aunque había realizado[69] tan grandes signos delante de ellos, no creían en él; Les aseguro: *quien cree en mí hará las obras que yo hago, e incluso otras mayores, porque yo voy al Padre y yo haré todo lo que pidan en mi nombre, para que por el Hijo se manifieste la gloria del Padre. Si ustedes piden algo en mi nombre, yo lo haré.*
(Jn12,37;14,12-14)

En cuanto a la Esperanza, es fundamental para permanecer moralmente vivos; sin embargo en su dimensión teológica está más allá de nuestro poder. Cuando tratamos de mantenernos en la esperanza mediante nuestra persistencia del ansia de vivir, desembocamos en la desesperación, si no en el engaño que es peor aún. El engaño es una

---

[68] Cf. Gn3,1-6

[69] Acción en tiempo pasado. Esta señal es para comprender cómo la fe se sostiene en el pasado, la esperanza en el futuro y el AMOR siempre presente.

desesperación que evita reconocerse a sí mismo; es la forma compasiva que los cobardes dan a su desesperación.

Como don, la Esperanza emerge de la *Nada que es el Todo*, completamente libre, pero para ir a su encuentro debemos descender a la Nada. Allí la encontraremos perfecta, cuando nos hemos despojados de nosotros mismos, de nuestra propia confianza [70] Estos tres primados son el punto final de la crisis del ideal del yo, [71] y nos lleva a habitar en:

> **- Integración Teologal**: Lenguaje victorioso de equilibrio y armonía; coherencia entre acción y convicción. La unicidad insobornable tiene su hogar en la Palabra. Autorreferencia.
> **-Integración** de trascendencia e inmanencia, síntesis de contrarios.
> **-Ser** en sí más allá de sí.

Nuestra naturaleza divina nos permite el contacto personal con Dios - y a través de las virtudes teologales infusas- que han ido creciendo dentro y en proceso nos hacesentir, tocar, experimentar su presencia real en nosotros. A lo cual estamos destinados - desde nuestro origen - a saber y descubrir a Dios en nuestra naturaleza divina - a través de nuestra naturaleza humana. Dios se hace Hombre (*kénosis*), para que el Hombre se haga en Dios.

....

[70] Cf.. MERTON, T., *El Hombre nuevo,* p.11
[71] GARRIDO, J., Proceso humano y Gracia de Dios. Apuntes, p.141

III.5. PREPARACIÓN PARA LLEVAR A CABO ESTA PRAXIS

Es muy importante destacar que este método es provocador, es una nueva manera de ser. Hacemos nuestras las palabras de Jesús cuando no legitima al mundo, *estamos en él, pero no somos del mundo*[72], sino que lo desarticula, y no se ocupa de satisfacer al yo, sino de trascenderlo. A medida que vamos, entrando, siguiendo y asumiendo el Método, encontramos que es absolutamente armónico y equilibra nuestros dos hemisferios, llegando a ser uno en el todo. No se le pide a nadie que lo crea, ni que lo analice, si se le pide ponerlo en práctica. Todo él, nos induce a la autorreferencia Crística.

ORACIÓN PARA COMENZAR LA CONTEMPLACIÓN

¡Oh Señor¡ Hágase en mi tu Santa Esencia.
Que tú seas en mí y a través de mí.
Que me encuentre siempre alineada a tu Verdad y a tu Sabiduría.
Que permanezca momento a momento en el vacío para beber de tu Fuente.
Que permanezca en el Conocimiento del Conocedor Conocido.
Manifiesta tu Amor y gozo ahora y siempre para mí y para todos aquellos que se encuentren en contacto contigo de cualquier manera y en cualquier circunstancia.

....

72 *Si fuerais del mundo, el mundo amaría lo suyo; pero como no sois del mundo, sino que yo os escogí de entre el mundo, por eso el mundo os odia* (Jn 15,19).
Hijos míos, vosotros sois de Dios y los habéis vencido, porque mayor es el que está en vosotros que el que está en el mundo. (1 Juan 4,4-5)

Gracias por la sanación que has permitido para mí y para otros y gracias por permanecer siempre en consonancia con tus deseos.
Te invoco oh Espíritu Santo de Dios, Amor del Padre y del Hijo, aquí estoy a tu disposición, haz que mis oídos te vean, mis ojos te escuchen, mis manos huelan tu aroma, mi olfato te toque y que mi percepción capte tus deseos. Acójame, aquí estoy a tu disposición.

(De mi autoría)

Esta metodología es *praxis* de principio a fin, pero una praxis de contemplación diferente a todas las conocidas y experimentadas, al menos, por mi persona. Vivida en un puente de luz construido entre dos universos: el de la Vid y sus sarmientos, por medio del Amor (Espíritu Santo) y la obediencia que podemos traducir en mantenernos insertados en su tronco. Nuestro propósito es entregar, el mapa de ruta, al hijo pródigo que ve su aventura terrestre terminada y puede comenzar a cruzar el puente de regreso a casa, llevando como provisiones la responsabilidad-compromiso y la voluntad [73], y como timón el Amor. En el cerebro encontramos el motor y en el corazón está la clave. De tal manera que la praxis confirma la teoría y la teoría la praxis.

Este viaje es para disfrutarlo en todo su proceso, sin la angustia de llegar. Es verdad que la meta es importante, mas es el propio Camino el que debemos vivir y disfrutar, Esto no significa que se acabaron los asuntos por resolver, sino que ya lo empezamos a observar desde ángulos diferentes a cómo se produjeron las antiguas

----

[73] Nos dice Teresa de Jesús en cuanto a la voluntad: Dios no ha de forzar nuestra voluntad; toma lo que le damos; mas no se da a sí del todo hasta que nos damos del todo. (Dichos de Sta. Teresa de Jesús)

situaciones, de tal manera se resolverán más prontamente, quizás pues ya no tenemos prisa o posiblemente ya no lo vemos como problema, sobre todo con la certeza en quien nos guía [74].

También es cierto que podemos enfadarnos, pero ya no vivimos en el enfado, pues hemos dejado ir nuestros arcaicos pensamientos recurrentes, por tanto como llegan se van. Cada día dejamos ir con mayor fluidez en lo que antes nos mantenía pegados o estancados.

El cristiano se convierte en un *hombre nuevo*, un cristiano equilibrado, en un ser Crístico, conservando su propia individualidad, el yo regresa gradualmente a la *Conciencia Crística*, llegando a compartir *la naturaleza divina* más profundamente (2P1,4). La transformación del ser natural en el mismo *yo-Crístico* (4ta etapa)[75] implica el don de una nueva mente y un nuevo corazón (*metanoia*) a partir de la 5ta etapa, es como diría San Pablo *ya no soy yo quien vive es Cristo quien vive en mí* (Gl 2,20).

Este proceso de transformación es multifacético, es un proceso evolutivo de conversión de los *campo*: biofísico (1^{era} etapa-sobrevivencia), emocional (2da etapa-protección), intelectual o mental (3^{era} etapa-competitividad), del alma (4ta etapa, programas: moral, religiosa y psicológica). Este proceso también implica la participación y el crecimiento en las diversas formas de perfeccionamiento. Es una cuestión de auto-referencia[76] constante, de un pasaje de gracia de la potencia cruda a niveles cada vez más altos de la autorealización siendo siempre nuestro Referente la Esencia Original.

Cada vez que nos dejamos mover por el Espíritu de Dios y

---

[74] *Guíe su Majestad por donde quisiere. Ya no somos nuestros, sino suyos* (Dichos de Sta. Teresa de Jesús).

[75] Las etapas en las cuales se ha dividido el Triángulo aunque son lineales en el plano, y se puede ejecutar en forma lineal, es importante saber que su proceso evolutivo se da en espiral y aunque su praxis sea sistemática su evolución propiamente dicha no lo es.

[76] Autorreferencia desde el Yo Crístico no desde el yo (*ego*) de estar en el mundo.

nos colocamos en el vacío al cual le llamamos en esta metodología punto cero en el Eje del Ser, estamos practicando el dejar ser (*dejar ir*) nuestra voluntad y aceptar la Voluntad divina, de hecho se ejercitan los desapegos (*dejar ir*) o lo que es lo mismo nos colocarnos bajo la Verdad divina, el absoluto AMOR. Esta praxis me va llevando a distanciarme de mi propia identificación (*ego*) y en consecuencia nos alejamos de la dualidad o del pensamiento dual, polaridades que nos hacen incoherentes, para acercarnos a la Unidad que nos hace coherentes y cohesivos. En cuanto a entrar en Dios nos dice Teresa de Jesús: *No hay que menester alas para ir a buscar a Dios, sino ponerse en soledad y mirarle dentro de sí.*

Karl Rahner sj, tenía la tendencia a ser y estar siempre en una nueva iniciación al misterio del amor de Dios y, de este modo, en servicio a la esperanza humana. Este teólogo dijo una frase muy sabia y que ha penetrado en muchos cristianos: El cristiano del siglo XXI que no sea místico no podrá llamarse Cristiano, La mística ha de ser patrimonio del pueblo de Dios; para comprender algo más sobre esta frase comparto con ustedes este párrafo:

> "A este Misterio, que confiere un fundamento a cada realidad concreta y que abre un espacio y horizonte para cada conocimiento, yo lo llamo Dios. Él no necesita que andemos probando su existencia sin cesar: esa existencia de Dios ha sido presupuesta y asumida desde siempre (por la humanidad), antes de que nosotros hayamos comenzado a hablar sobre mil cosas en los mercados de la vida cotidiana y en las aulas de las universidades. Cuando yo me sitúo en mi interior y hago silencio, cuando dejo que todas las preguntas se vengan a centrar en la gran Pregunta, a la que no se puede responder con las respuestas, comunes y corrientes que se dan a las preguntas concretas, sino que dejo que el Misterio infinito se exprese a sí mismo, entonces el Misterio está presente ahí; y entonces, en último

término, ya no me preocupa el hecho de que la ciencia racionalista se crea capacitada para hablar sobre Dios de un modo escéptico. En ese momento, estoy convencido de que no me he perdido en un sentimiento irracional, sino que he llegado a situarme en el punto focal del espíritu, de la razón y de la comprensión, punto del que brota en último término toda racionalidad [77] " *Karl Rahner sj*

Debemos tener presente hacer esta contemplación en un lugar sagrado y para ello desde el punto de vista físico lo haremos en donde con regularidad practicaremos esta Oración; también se exhorta el hacernos un tiempo sagrado entre 20 y 40 minutos. El lugar sagrado también podemos hacerlo Imaginario, para aquellos momentos que no estemos en casa en las condiciones requeridas.

Para esto podemos crear en nuestra mente un santuario de contemplación con todos los elementos deseados: *Puede ser al aire libre, o en un lugar cerrado... a nuestro gusto. Recuerde, ¡la imaginación no tiene límites! este espacio es privado y personal donde estaremos a salvo y protegidos y podremos invitar a Jesús, a María Santísima o a nuestro ángel de la guarda o a otros guías, protectores, ángeles, santos, seres de luz... lo que más les resuene y siempre respetando sus creencias y preferencias.* Puedes invitar a quien desees.

Se recomienda invitar a sus niños o de otros, si existe la posibilidad y, para ello se les estimula a crear un espacio sagrado en su casa, o en su recámara - un rinconcito que ellos mismos puedan decorar. Tal vez con un cojín, una mesa con su cuaderno y la imagen de Jesús y del Triángulo explicada previamente, como símbolo de concentración y unión con el Todo (Trinidad). Así cuando ellos lleguen a su casa o a su recámara, sepan que ese es el lugar privado de ellos para orar.

....
[77] http://theologicalatinoamericana.com/?p=313

El ejercicio a elaborar, que hemos llamado el Triángulo Sagrado es un ejercicio de meditación contemplativa en acción donde vamos saliendo de nuestras referencias externas para ir en busca de nuestra referencia interna es dejar de ser nosotros y dejar que Cristo nos atraiga hacia su Presencia y nos conforme en Él, encontrando la afectividad divina capaz de aplazar la necesidad de gratificación inmediata, lo que nos va induciendo a una confianza plena que nos construye como personas íntegras. Es hacer praxis de la gracia del Ayuno de la Mente- y la Fiesta del Espíritu [78], que son procedimientos que conducen y se cumplen dentro del proceso permanente de transformación en el yo Crístico y la recepción activa de los dones de la mente-corazón de Cristo.

El recorrido de esta praxis podemos observarla como:
- El Inicio del viaje o continuación para algunos, haciendo unos diferentes giros.
- A través de este método reconocemos de una forma más clara, nuestras fortalezas y debilidades
- Observando el punto de transición – Lo que debemos *dejar ir, recibir y aceptar*-, vino nuevo, vamos plasmando *metanoia* (torsiones).
- Experiencia transformadora- Lo que se va integrando: El despertar.
- Experiencia transpersonal – Integrando sombras y luces (luego de haber sido reconocidas).
- Renovación Interior
- Un nuevo orden mundial. Conciencia Crística[79]

---

[78] Estos dos términos, Ayuno de la Mente y Fiesta del Espíritu los he tomado del jesuita Bernard Tyrrell en sus libros de Cristoterapia, los cuales hice míos desde el momento que los conocí hace 33 años.

[79] Chardin Teilhard, El Medio Divino , Alianza Editorial 2000

Nuestro trabajo es el acto de ir al centro, al punto de atención en el presente, es llevarnos al hábito de permanecer en el *medio*, en el punto neutro o vacío interior, punto de encuentro con Dios, con nosotros y con el otro, es dejar que la divinidad nos ocupe, ejerciendo el Seguimiento a Cristo, posición sabia que nos lleva al estado de santidad (sanidad) diferente a las alternativas habituales de pensamiento dualista, es decir pasamos del pensamiento dualista a la Unidad en la Voluntad, *es el Camino*.

El pensamiento de Agustín de Hipona, de orientación platónica, defiende que la verdad no ha de buscarse en el mundo exterior por medio de los sentidos, sino reflexionando, volviendo la mirada hacia el interior de uno mismo: *No vayas fuera. Vuélvete hacia dentro de ti mismo* (San Agustín de Hipona).

Una cosa a la vez! Lo estoy consiguiendo; voy trabajando hasta estar lo bastantemente satisfecha para publicar esta obra. Si menciono esto, es también, porque el mismo requiere mucho trabajo interior, energía y voluntad para hacer los cambios sobre sí mismo. Un autor americano escribió un día ***Sólo los valerosos y los que gustan de la aventura tendrán la experiencia personal de Dios***.

Re-leyendo la cita anterior, me determina a vencer los retos y me da el valor de experimentar avenidas nuevas que me procuran cierto estado de realización y de bienestar. Este estado de bien estar corresponde a la salud física, mental y emocional. Y sobre todo el encontrarme acompañando a muchos jóvenes en este momento, ciertamente nos estamos preparando para llevarlo a muchos otros hermanos. Esa es la idea compartir las gracias que Dios nos da.

Para apoyarnos en el proceso es recomendable el ejercicio de la ***Lectio Divina***. [80]

----

[80] El Dr. Rafael Luciani, Doctor en Teología Dogmática /Teología Sistemática nos habla acerca de la Lectio Divina en su artículo ¿Qué es y cómo surge la *Lectio Divina*? Cf. página web: http://es.aleteia.org/2015/01/25/que-es-y-como-surge-la-lectio-divina/?blogsub=confirming#subscribe-blog, 27/1/201

A continuación se presentan varios pasajes de las Escrituras que nos animan a *dejar ir*. Elija uno (junto con el texto que lo rodea) que resuena con usted a realizar el pasaje con la simple práctica de la *Lectio divina* (lectura sagrada)

Dejar ir el control (el tema de la fe en la Biblia):
El SEÑOR peleará (te librará) por ustedes; ustedes esperen en silencio (tranquilos sin preocupación).- Ex14,14 -

Dejar ir el miedo (tema muy frecuente en la Biblia):
No tengan miedo (Jn 6,20), (Mc 6,50), (Mt 14,27), entre otros

Dejar ir el yo:
Yahvé mi Señor es mi fortaleza (Ha 3,19)
Separados de mí nada pueden hacer (Jn 15,05)

Dejar ir duele (la mayor parte de la enseñanza de Jesús sobre el perdón es): *Si perdonan a los demás sus ofensas, su Padre celestial los perdonará a ustedes* (Mt 6,14)

La praxis de la *Lectio Divina* aconseja

Lea el pasaje lentamente y en voz alta en cuatro ocasiones. En la primera lectura, escuchar con el oído de mi corazón la frase o palabra que resuene para usted, apreciado lector. Durante la segunda lectura, reflexione sobre lo que te toca, tal vez diga la respuesta en voz alta o ponerla por escrito en un diario. En tercer lugar, responder con una oración o expresión de lo que has experimentado. En cuarto lugar, descansa en silencio después de la lectura. [81]

....
[81] Cfr. Rohr,R., Meditación de Richard Rohr: Un sistema de autoequilibrio.

¿Por qué es necesario dibujar el Triángulo y el movimiento en esta praxis?

Para la praxis de esta Meditación Contemplativa en Acción se hace necesario el dibujo del Triángulo y el movimiento, como su nombre lo indica [82], pues estamos poniendo a funcionar la mayor parte de nuestros sentidos a la vez que estamos activando todos nuestros recursos potenciales [83] haciendo uso de los dos hemisferios, pues sabemos que estos son complementarios y necesarios para estar y proceder en coherencia y armonía, actuando como y a semejanza de una gran orquesta sinfónica, interactuando varias áreas entre sí. Se ha estudiado la importancia del uso de los dos hemisferios en un mismo momento, lo cual se confirma con el funcionamiento de esta metodología.

Para su comprensión he transcrito:
"Así, la imaginación y la creatividad suelen ser características de las personas que desarrollan más su hemisferio derecho; mientras que la lógica o las matemáticas, son la especialidad de aquellos que utilizan más su hemisferio izquierdo. El hemisferio derecho tiene una forma de elaborar y procesar información distinta del izquierdo. Es un hemisferio integrador, especializado en sensaciones, sentimientos y habilidades especiales visuales y sonoras, como la música o el arte, pero no verbales. Integra varios tipos de información (sonidos, imágenes, olores, sensaciones) y los transmite como un todo. En él se ubican la percepción u orientación espacial, la facultad para captar o expresar emociones o controlar los aspectos no verbales de la comunicación. Además también está relacionado con la intuición o el recuerdo de caras, voces, o sonidos. Esta parte del cerebro piensa y recuerda en imágenes, por lo que las personas que

---

[82] A través del moviento hay un gran potencial de captar y fija, tanto pensar como dejar de pensar.

[83] IBARRA L.M., Gimnasia Cerebral, Editorial Garnik, México, 1997

tengan más desarrollada esta parte del cerebro recuerdan, aprenden e incluso estudian de forma visual. Actividades como dibujar, soñar despiertos, la lectura, meditación, ejercicio físico, la música o escribir un diario son más comunes entre las personas que utilizan más el hemisferio derecho de su cerebro." [84]

La praxis del método requiere de la utilización de ambos hemisferios para ello hemos considerado la utilización de la figura del Triángulo y la práctica del ejercicio en forma activa, ya sea dibujándolo en cada momento de la oración o tener la figura previamente elaborada, de ser preferible en el suelo (si hay lugar) de no ser así lo podemos dibujar en una gran cartulina y ejercitarnos sobre ella, estación por estación de acuerdo a nuestro grado de concienciación del portal a ejercitar, es decir empezando desde el primer escalón o puerta más ancha e ir avanzando en dicho ejercicio escalón por escalón; por lo cual se le ha llamado Meditación Contemplativa en Acción.

Estas instrucciones pretenden introducirnos en meditación, entendiéndose por ésta el momento en que nos centramos en Dios dejando que Él sea en nosotros, es una forma de oración que nos vincula y nos une a nuestro Creador, es el medio de comunicación de la Trinidad con su criatura, a través de ella recibimos todo su Amor y por medio de ese Amor su criatura se expresa al resto de sus hermanos[85].

....

[84] Si se quiere mayor información en cuanto al funcionamiento de los dos hemisferios cerebrales del ser humano recomendamos: http://www.teinteresa.es/ciencia/derecha-cerebro-creativa-izquierdalogica_0_866315262.html

[85] Esta metodología invita también hacerse en grupos, por lo menos una vez a la semana y el resto es praxis diaria, 2 veces al día y como mínimo una vez antes de irse a dormir. Como se observa ya ha sido practicada en las dos formas. En cuanto a la praxis en grupo: Puede hacerse en donde uno de los integrantes del grupo funge representar a la Fuente original otro estaría en el centro de la figura, fungiendo del Hijo y otro representando al hijo. Se colocará un representante en el extremo izquierdo que fungirá por la Fe débil y otro hará el papel de la Esperanza débil. El representante del hijo u orante hará los movimientos y oraciones indicados en el método.

Al comienzo es un acto de centramiento voluntad-mente y al continuar centrados se va convirtiendo en un sentimiento hasta encontrarnos en una experiencia total.

Los ejercicios deben practicarse con gran precisión, sobretodo, en cuanto al recorrido de escalón por escalón. No se debe avanzar al próximo campo si no se ha progresado en el campo en que nos encontramos, por ejemplo si hemos estado trabajando en el campo de estar en el mundo o medio biofísico, y aún no hemos logrado desprendernos de algo material o muy de la personalidad con la que te identificas, que nos ha mantenido atados al *ego* no podemos avanzar al próximo campo.

Es preciso concretar la idea del desprendimiento en cada situación en la que nos encontremos, tanto con las cosas, con personas, sentimientos, emociones y pensamientos. El desprendimiento debe ser aplicado en todos y cada uno de los escalones. La atenta observancia de uno mismo no sólo involucra la meditación en sí misma, sino un estado de conciencia de todo cuanto hacemos en nuestro diario vivir. Ver nuestra vida desde fuera implica verla desde dentro, como si fuésemos científicos atentos a cada detalle, a cada paso de aquel ser humano que somos nosotros, es un buen ejercicio para comprender desde otra perspectiva el milagro maravilloso que es nuestra existencia, y desde la cual podemos ver el Universo entero.

¿PARA QUÉ HACER EL MISMO EJERCICIO EN CADA ESTACIÓN?

Aparentemente, la praxis es igual en su esencia, pero al irla elaborando paso por paso caemos en la cuenta que es diferente en la forma, pues cada escalón tiene valores distintos, además de la importancia de la habituación por sistematización y perseverancia.

Metafóricamente hablando, sabemos que para hacer un edificio es necesario hacer un gran hueco de acuerdo a la altura y estructura de lo que se pretenda construir, igualmente por esto es necesario, ir al vacío y vaciarnos de nuestro antiguo edificio e ir construyendo los primeros peldaños con mucha firmeza; bien se conoce que cuando los cimientos de un edificio son débiles y las murallas altas y más fuertes, toda la estructura pierde su estabilidad. De allí la necesidad de tener las bases firmes y no hacer otros esfuerzos mientras las bases no se fortalezcan.

> "Como el rayo, como un incendio, como un diluvio, la atracción del Hijo del Hombre aprehenderá, para reunirlos o someterlos a su Cuerpo, todos los elementos arremolinados del Universo. *Ubicumque fuerit corpus congregabuntur et aquilae*. Tal será la consumación del Medio Divino." [86]

La personalidad es conformada por todo el ser, cuerpo y mente, y sus barreras son omnipresentes. Son tan sutiles que la mayoría de los practicantes se quedan atascados sin saber qué es lo que detiene su progreso.[87] Por lo tanto es fundamental reconocer las barreras de

---

[86] CHARDIN Teilhard, El medio Divino, p.55
[87] A.H. Almaas., *La Esencia. Las Facetas de la Unidad*, p.73. También se recomienda leer el *Código de las Emociones* de BRADLEY NELSON

la personalidad, llamadas por algunos autores emociones atascadas o muros levantados alrededor de éstas como murallas que no permiten la fusión del amor, ni para sí mismo/a ni para los otros; son nuestras sombras no reconocidas y nudos que obstruyen el flujo de la Gracia.

A.H. Almaas nos dice acerca de las barreras de la personalidad:

> "...no son nada más que ciertos contenidos mentales y emocionales concretos relativos a la pérdida del aspecto esencial y los intentos consiguientes de compensación. En otras palabras, estos puntos son zonas de oscuridad en nuestra personalidad: ciertas emociones, memorias e ideas amputadas y reprimidas de la conciencia." [88]

Todos los demás aspectos de nuestra personalidad: roles, títulos, funciones, incluso nuestro cuerpo en sí mismo es visto como una forma pasajera, el ego pasa. En este espacio, reconocemos que nuestro cuerpo no es totalmente nuestro, estamos reconociendo nuestra alma, nuestro verdadero yo, *inserto con Cristo en Dios* (cf. Col 3,03).

Hemos comparado la realización de la Meditación Contemplativa en Acción como la construcción de un edificio, especialmente por el hecho que lo debemos ir realizando paso a paso, de tal forma ir consolidando en cada peldaño del proceso, forjando nuestro hacer humano-divino, de tal forma que sea compacto y armónico, hasta hacernos dúctiles a la moción del Espíritu.

---

[88] A.H. Almaas, La Esencia. Las Facetas de la Unidad, p.77

¿EL PARA QUÉ DEL PUNTO CERO (vacío)?

De una forma u otra, a lo largo de la metodología, se insiste en este elemento por ser el momento fundamental de la oración contemplativa, pues meditar es encontrarnos en Dios, El se hace el encontradizo, es vaciarnos de nosotros mismos para dejar a Dios ser en nosotros. Es el Silencio al cual hemos sido invitados por nuestro Maestro y Hermano Mayor Jesús.

Punto cero: ir al vacío, punto neutro, ir al reposo, armonía, equilibrio. Ir al punto cero es como meter el embrague para iniciar el arranque.

El objetivo de este punto creo es el logro de una unidad interna, para lo cual es necesario vaciar la mente de pseudo-conocimiento, de la preocupación por el yo (*ego*), y de las distracciones de los sentidos. Así que cuando las facultades están vacías, el alma está llena de luz. Es un oír con el espíritu, es un tipo de meditación (oración) que requiere un continuo proceso de purificación mental (*metanoia*). El objetivo es el culto existencial a través del cual existe uno en la unión con Dios como la Fuente del Amor, Fe y Esperanza.

Una ventana abierta conforma un vacío por el cual atraviesa la luz en su totalidad. El viejo Sutra del corazón nos recuerda que *Vacío es forma, y forma es Vacío*. Lo divino y lo humano no son realidades paralelas, sino las *dos caras de la misma moneda* –magníficas en su diferencia y de la misma realidad–.

Parte II
NUEVE CAMPOS Y NUEVE PUERTAS

CAPÍTULO I   **Primer Campo y primera Puerta, la más ancha**
I.1. Campo y puerta de estar en el Mundo o de la personalidad (el yo)
I.2. ¿Cómo hacer la Práctica en este 1er plano?

CAPÍTULO II   **Segundo Campo y Puerta de las Emociones**
II.1. Lo que entenderemos por Emoción
II.2.¿Cómo hacer la práctica en este 2do plano?

CAPÍTULO III   **Tercer Campo y Puerta del Pensamiento**
III.1. Lo que entenderemos por Pensamientos
III.2.¿Cómo hacer la práctica en este 3er plano?

CAPÍTULO IV   **Campo y Puerta de la Templanza entre el Soma y el Espíritu**
IV.1. Puerta de la Conciencia Crística o Puerta del Alma
IV.2. De la Esencia de la Personalidad
IV.3. De los Programas o Condicionamientos
IV.4. Del Peregrino
IV.5.¿Cómo hacer la práctica en este 4to plano?

CAPÍTULO V   **Quinto Campo y Puerta de Entrada a lo Diferente**
V.1. En separación o divergencia es la puerta de la perspectiva errónea
V.2. En Convergencia es ser en si más allá de si..
V.3.¿Cómo hacer la práctica en este 5to plano?

CAPÍTULO VI   **Sexto Campo y Puerta**
VI.1. Integración Teologal
VI.2.¿Cómo hacer la práctica en este 6to plano?

CAPÍTULO VII Confluencia de la Fuente con su Afluente
VII.1. Abrazo de la Fuente con su afluente
VII.2.Praxis de la Oración Contemplativa en esta Puerta

CAPÍTULO VIII Octavo Campo y Octava Puerta
Octavo día. La Resurrección

CAPÍTULO IX   **Noveno Eslabón, la Nueva Simiente**
IX.1. La Nueva Simiente
IX.2. Síntesis de la praxis del Método

Parte II
NUEVE CAMPOS Y NUEVE PUERTAS

Capítulo I
PRIMER CAMPO Y PRIMERA PUERTA, LA MÁS ANCHA

I.1. Campo y puerta de estar en el Mundo o de la personalidad (el yo)
I.2. ¿Cómo hacer la Práctica en este 1er plano?

> *...porque el que está en ustedes es más poderoso que el que está en el mundo. ^{5}Ellos son del mundo: por eso hablan de cosas mundanas y el mundo los escucha. ^{6}Nosotros somos de Dios, y quien conoce a Dios nos escucha, quien no es de Dios no nos escucha. Así distinguimos el espíritu de la verdad y el espíritu de la mentira.*
> (1Jn 4,4)

Esta experiencia integra todos los campos y capacidades de la personalidad:

Intelectual → conocimiento de la revelación, dogma, del magisterio, etc.

Volitivo → acoge y se da libremente como persona.

Afectivo → que hace resonar todo el fondo de la persona.

Activo → lleva a compromiso real de la vida entera.

Comunitario → se solidariza con la familia de los que han recibido el don de Dios, le sirven y le buscan.

Parte II

Capítulo I
PRIMERA PUERTA Y LA MÁS ANCHA

I.1. CAMPO Y PUERTA DE ESTAR EN EL MUNDO O DE LA PERSONALIDAD (EL YO)

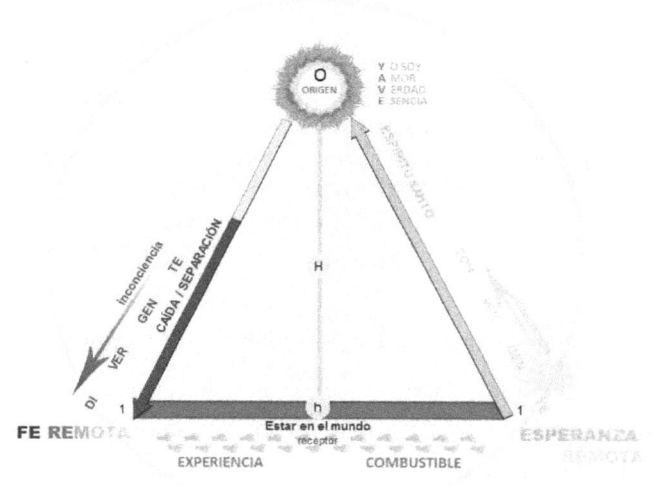

Salí del Padre y he venido al mundo;
ahora dejo el mundo y vuelvo al Padre.
(Jn 16,28)

Parte II **NUEVE CAMPOS Y NUEVE PUERTAS**

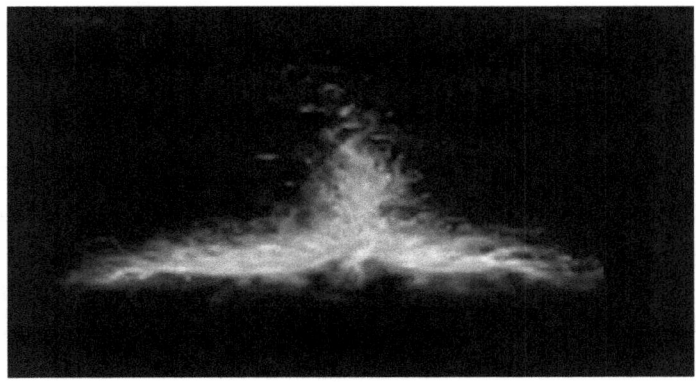

No amen al mundo ni las cosas que están en el mundo.
Si alguien ama al mundo, el amor del Padre no está en él.
(1Jn 2,15)

He manifestado tu nombre a los hombres
que separaste del mundo para confiármelos:
eran tuyos y me los confiaste y han cumplido tus palabras.
Ahora comprenden que todo lo que me confiaste procede de ti.
Las palabras que tú me comunicaste yo se las comuniqué;
ellos las recibieron y comprendieron realmente que vine de tu parte,
y han creído que tú me enviaste. Yo ruego por ellos; no ruego por el
mundo, sino por los que me has confiado, pues son tuyos. Todo lo mío
es tuyo y lo tuyo es mío: en ellos se revela mi gloria. Ya no estoy en el
mundo, mientras que ellos están en el mundo; yo voy hacia ti, Padre
Santo, cuida en tu nombre, a los que me diste,
para que sean uno como nosotros
(Jn17, 6-11)

Win *Un Instante de Gracia* 97

De igual forma decimos que estar en el mundo es estar en el campo de la personalidad, lo que implica estar en ego, en este caso somos la persona que ha resultado de los condicionamientos y programas de nuestros ancestros y del resto de la sociedad.

Para conocer algo de nuestra personalidad bajo los parámetros que queremos comprender con esta metodología basta en reconocernos como el estar en un yo *egóico* que nos mantiene congelados en un pasado lleno de programas y condicionamientos que dejaron otros sobre nosotros.Esto nos ha ido limitando y ocultando nuestra verdadera esencia. Hemos vivido esclavizados a un falso yo (*egóico*)[89]. De hecho es necesario aclarar que también entre capa y capa durante la formación de la llamada personalidad se encuentran caparazones o emociones atrapadas que se han enquistado en diferentes partes ya sea en el cuerpo físico o en el campo emocional.

Con el paso del tiempo el individuo se identifica tan profundamente con las características propias de su personalidad (falso *yo* o *no yo*), y sus mecanismos de defensa como repuesta a las emociones intrínsecas de cada personalidad, manifestadas a lo largo de su historia, hasta llegar a creer ciegamente en esas percepciones condicionadas; de esta forma olvida su verdadera naturaleza y se convierte, de acuerdo a su carácter, en alguien desconocido para la persona misma, por consiguiente no se ama pues no se conoce a sí misma [90].

....

[89] El *falso yo* será necesario durante los primeros años de vida y hasta cierta edad; luego llega el momento en que concienciemos que nuestro referente debe ser La Fuente y así tomar conciencia que es necesario *dejar ir* (al *ego*) para hacernos en el *Yo Crístico*, recuperando la imagen divina.

[90] No se ama lo que no se conoce o lo que es lo mismo, sólo se ama lo que se conoce. Atribuyen esta frase a Leonardo Da Vinci, pero no hay la certeza que sea totalmente de él, sin embargo, aun no estando seguros de esto, lo certero de su mensaje es legítimo, no está sujeta a discusión.

Desde esta perspectiva, estar en el mundo significa identificarse con la personalidad, entendiendo por ésta, además de lo que dijimos en el párrafo anterior, *el creer que somos el resultado de programas y condicionamientos de nuestros padres, maestros y el resto de la sociedad.* Cuando no pertenecemos al mundo estamos insertos en El Espíritu de la Verdad; mientras que estar en el mundo es vivir en el espíritu del error, pues cada quien pretende estar en su verdad de acuerdo a su forma de ser o pensar (personalidad). Esta metodología nos introduce en el proceso de despersonalización para personalizarnos en Cristo.

A continuación citamos algunos versículos atribuidos a Juan Evangelista que nos abre los ojos para comprender mejor lo que significa este *Logión*:

> *Hijitos míos, ustedes son de Dios y han vencido a esos falsos profetas, porque el que está en ustedes es más poderoso que el que está en el mundo. Ellos son del mundo: por eso hablan de cosas mundanas y el mundo los escucha. Nosotros somos de Dios, y quien conoce a Dios nos escucha, quien no es de Dios no nos escucha. Así distinguimos el espíritu de la verdad y el espíritu de la mentira.*
> (1Jn 4,4-6).

Al practicar la Meditación Contemplativa en Acción sobre la figura triangular, observamos y deducimos de una manera visual lo que San Juan nos dice: *Quien viene de arriba está por encima de todos. Quien viene de la tierra es terreno y habla de la tierra. Quien viene del cielo está sobre todos* (Jn 3,31). En otra cita Jesús nos dice: *Vosotros sois de abajo, yo soy de arriba; vosotros sois de este mundo, yo no soy de este mundo* (Jn 8,23). Continúa Jesús diciéndonos: *Si fuerais del mundo, el mundo amaría lo suyo; pero como no sois del mundo, sino que yo os escogí de entre el mundo, por eso el mundo os odia* (Jn15,19). Y seguimos con Jesús según San Juan: *Yo les he dado tu palabra y el mundo los ha odiado, porque no son del mundo, como tampoco yo soy del mundo* (17,14); Y *Ellos no son del mundo, como tampoco yo soy del mundo* (Jn 17,16).

El llamado de Cristo: *Estar en el mundo y no ser del mundo.*
(cf, Jn 15-17)

En nuestra metodología entendemos por estar en el mundo, cuando nos vemos viviendo en un espacio-tiempo y todo lo que significa vivir con este cuerpo en nuestra personalidad (ego). El ser se siente separado de la Unidad, es como si el universo estuviese en contra de sí, por ende su plano es más denso o inferior, está en sobrevivencia, esto es estar en este mundo. Y no ser de él es no dejarnos llevar por sus paradigmas, sino colocarnos en referencia a Nuestra Esencia Original y recordar que somos sus hijos y por lo tanto sus herederos. Cuando consideramos que estamos en el mundo nos hallamos en la oscuridad y cuando nos dejamos penetrar por el flujo de la Fuente Creadora, estamos en el mundo pero no somos del mundo [91].

Vemos una perspectiva muy interesante de lo que significa estar en el mundo y no ser de él. Una es la historia que contamos nosotros cuando estamos en el mundo y otra es la historia que tiene la Fuente divina para cada uno de nosotros, soy su hijo/a amado/a por lo tanto soy valioso/a en forma indescriptible, como se observa hay un choque de realidades, una cosa es vivir en Dios y otra es vivir en medio de lo que cree el resto del mundo: Ej. La Fuente Original me puso en medio de la abundancia y viendo que todo estaba bien creó al *hombre*. En cambio el *hombre* separado de su Creador ve otra cosa. Tenemos que empezar a relatar y a vivir nuestra historia desde donde

---

[91] Discernimiento Espiritual: El hombre puramente *natural* no acepta lo que procede del Espíritu de Dios, porque le parece una locura; y tampoco puede entenderlo, porque para eso se necesita un criterio espiritual (cf. 1Cor 2,1-16. 1Cor 2,14). No es conveniente polarizarnos, podemos y debemos ir integrando luces y sombras hasta llegar a nuestra *esencia*.

fuimos creados, desde la abundancia y bien estar.

Estar en Dios es estar en gozo y en el resto de los frutos del Espíritu Santo. Cada vez que prestamos atención a la Presencia, realmente podemos sentirla desde dentro y también desde fuera como un abrazo y así podemos sentir el bienestar de encontrarnos en el Ser, fluyendo en su Gracia. *Como el Padre me amó, así también yo los he amado; permanezcan en mi amor* (Jn15,9).

Estar en el mundo pero no ser de él, es el encontrarnos con el sentimiento de libertad y autonomía que nos da la Fuente Creadora y estar apartados del mundo (de lo que los demás piensan o creen). Así que en la medida en que vivamos en el Ser, empezamos a experienciar la historia que resuena con lo que realmente soy, el hijo/a amado/a de Dios Padre/Madre, en esta medida vibraré desde el saber y sentir que soy su hijo/a y que cuando Él me mira está viendo a su Hijo amado, pues nosotros somos los hijos en el Hijo. Y desde aquí podremos manifestarnos en la abundancia en la que fuimos creados. De esta manera así como fluye el agua en la corriente de un rio así nos dejamos fluir los hijos en el Hijo y nuestra esencia canta con gozo: *La abundancia del Universo me penetra y fluye en mí. La abundancia emitida y sostenida por la Fuente Divina vive dentro de mí*, y en ese momento somos uno con el Uno y la divinidad está en mí, el Enmanuel (*Dios con nosotros*).

Esto es lo que entendemos por estar en el mundo, perfectamente identificable como estar en la personalidad, al encontrarnos en el *ego* nos encontramos lejos de nuestra esencia, lejos de los otros y del Otro. La personalidad es la base más elemental del individuo y lo que se nos exige es salir de nuestra identificación para irnos identificando con la *Conciencia Crística*. Se trata alejarnos del *no yo* para acercarnos al verdadero *yo* y para esto es necesario encontrarnos en estado de conciencia es decir que nuestro presente permanezca en la Presencia. Es el estar en estado de *atención*.

El estado de atención nos acerca al centro de nosotros mismos y la dispersión nos aleja del Ser Original y en consecuencia de nosotros mismos. El Ser Original absolutamente coherente y cohesivo nos vuelve conscientes, a través de nuestras propias diferencias en la distorsión.

Como lo dijimos con anterioridad al estar perdidos en el plano de la experiencia debemos regresar a nuestra casa original que nos atrae. (*La emergencia de Cristo- Fenómeno humano de atracción de lo alto*-Teilhard de Chardin). Hasta llegar a la manifestación de nosotros mismos. Esta manifestación requiere que exista la disposición previa de un propósito de todos los elementos. No me falta nada, no me sobra nada. [92]

Podemos experimentar que la Esperanza está el mundo de infinitas posibilidades. El universo es sostenido por el equilibrio y la armonía. Entre las preguntas y las respuestas está la Verdad, (entre la Fe y la Esperanza está el Amor), que las mantiene unidas dentro del paradigma original que es el Amor. Podemos concluir que el Amor mantiene unida a la Esperanza y a la Fe.

....
[92] Haciendo honor al año conmemorativo (1515-2015) de Santa Teresa de Jesús, nos complace transcribir su cántico:
Nada te turbe, nada te espante, todo se pasa, Dios no se muda, la paciencia todo lo alcanza; quien a Dios tiene nada le falta: solo Dios basta. Eleva el pensamiento, al cielo sube, por nada te acongojes, nada te turbe.
A Jesucristo sigue con pecho grande, y venga lo que venga, nada te espante.
¿Ves la gloria del mundo? es gloria vana, nada tiene de estable, todo se pasa.
Aspira a lo celeste, que siempre dura; fiel y rico en p omesas, Dios no se muda.
Ámale cual merece, Bondad inmensa; pero no hay amor fino sin la paciencia
Confianza y fe viva mantenga el alma, que quien c ee y espera todo lo alcanza.
Del infierno acosado aunque se vie e, burlar sus furores quien a Dios tiene.
Vénganle desamparos, cruces, desgracias; siendo Dios su tesoro, nada le falta.
Id, pues, bienes del mundo; id, dichas vanas; aunque todo lo pierda, solo Dios basta..

La gran obra budista del Dbammapada, por ejemplo, comienza diciéndonos:

> "Todo lo que somos es el resultado de lo que hemos pensado: que está fundado en nuestros pensamientos, que se compone de nuestros pensamientos. Si un hombre habla o actúa con un mal pensamiento, dolor le sigue, ya que la rueda sigue al pie del buey que dibuja el carro... [Pero] si un hombre habla o actúa con un pensamiento puro, la felicidad le sigue, como una sombra que nunca lo abandona. " *Dbammapada* [93]

La contemplación nos recuerda lo que somos, es encontrarnos en Dios en lo que es justo en frente de mí, para esto es absolutamente necesario estar presentes en la Presencia, es lo que llamó Jean-Pierre de Caussade: *sacramento del momento presente.* Y Jesús nos dice: *Quedaos aquí y velad conmigo-Permanecer despiertos y activos* prácticamente son sus últimas palabras en el Huerto de Getsemaní. (cf. Mt 26,38)

I.2. ¿CÓMO HACER LA PRÁCTICA EN ESTE 1er PLANO?

Es una actividad personal diaria, la podremos hacer en grupo una vez por semana, además de compartirla con otros tenemos la experiencia de motivarnos unos a otros en la continuidad de lo que hemos empezado. Es fundamental la praxis de esta oración si queremos concretar nuestra unificación en la ordenación de la idea con la palabra, emoción y acción con el propósito de encontrar la coherencia necesaria para ser una persona sana y eficiente, que nos hace dueños de nosotros

---
[93] Bernard Tyrrel, Cristoterapia, cap.IV.

mismos, para asumir el control de nuestra vida. Dejará de existir la necesidad de querer controlar al otro y el deseo que los demás cambien su forma de ser.

El ejercicio de elaborar lo que hemos llamado Meditación Contemplativa en Acción es la praxis de *dejar ir* nuestras referencias externas para ir en busca de nuestra referencia interna Cristo Jesús, es *dejar* que Él nos atraiga hacia su Presencia y percibir que la afectividad divina vaya aplazando la necesidad de gratificación inmediata. Esto nos genera una confianza plena erigiéndonos en personas íntegras.

La diferencia de este ejercicio con otros tipos de oración es la utilización de ambos hemisferios en el momento de la praxis. Es orar con todo el cuerpo y el alma, es ser y estar en nuestra integridad, apoyados físicamente con la figura del triángulo. [94]

En la I parte del libro explicamos de qué se trata el Triángulo y el significado de cada una de sus partes, ahora estamos hablando de la forma de llevar a cabo la oración.

Será necesario para hacer esta Meditación Contemplativa en acción:

1. Ubicarnos en un lugar-espacio, tiempo sagrado[95]. Físicamente haremos nuestro lugar sagrado [96] en donde con regularidad practicaremos esta oración.

....

[94] Orar con todo el cuerpo y el alma es la magnífica forma de orar que deseamos recuperar.

[95] Entenderemos por lugar sagrado aquel momento o espacio que apartaremos para centrarnos en la Sagrada Presencia, en donde nos colocaremos para honrarla y dejarnos amar y ser penetrados por Ella.

[96] Lugar o espacio en dónde me ubicaré, y me aseguraré de no ser interrumpido, para hacer mis prácticas de quietud y silencio interior y exterior donde experimentaremos nuestra conexión con la Esencia Original.

También podremos hacernos un lugar-espacio, tiempo-sagrado Imaginario;

2. Elaboramos el triángulo de acuerdo a lo descrito en la I Parte capítulo III.1. *Descripción del proceso*.

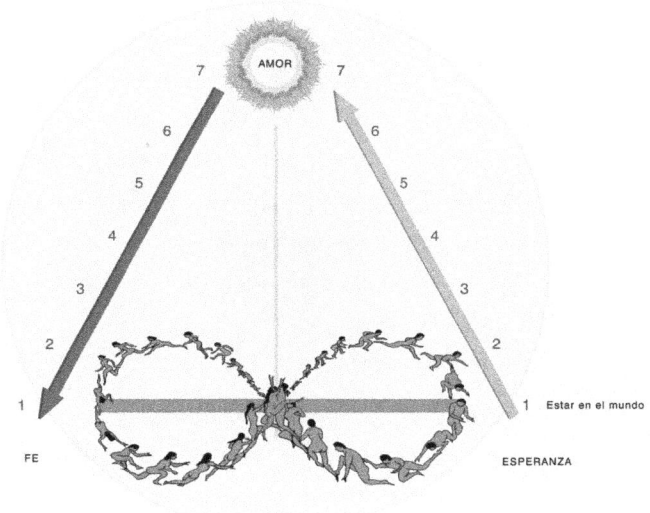

Para empezar la Meditación Contemplativa en Acción:

A. Trazamos la primera horizontal que llamaremos 1er campo: estar *en el mundo de la experiencia*, o el identificarnos con nuestro *ego* que conforma la personalidad, aquí encontramos la 1era puerta. En el centro de esta horizontal levantaremos la vertical que representa el Fluir del Ser Original-YO SOY-. Es el momento del Eterno Presente.

B. Del punto más alto de esta vertical, dejamos caer el costado de la izquierda del Triángulo, que representa como se ha separado y alejado la criatura de su Creador, hasta hacer conexión con la horizontal que hemos trazado (estar en el mundo), formando el vértice donde se encuentra representada la Fe débil por estar tan alejada de la Fuente.

C. Luego, desde el punto del extremo derecho de la horizontal, levantamos la línea que converge de regreso a la Fuente o SER Original; esta convergente representa la acción del Espíritu Santo, línea que emerge de una Esperanza débil por encontrarse tan lejos de la Fuente Original. En este lado encontramos las infinitas posibilidades que nos oferta la Esperanza. Es el Espíritu Santo quien nos lleva hacia el Amor, cuando nos dejamos mover por sus mociones.

D. Una vez establecido el Triángulo, nos colocamos en centro haciéndonos coincidir con la vertical, en el punto cero. Nos exponemos a la Luz del Amor, en el rio de agua viva de la Verdad. Ir al centro o vacío es ir a la Presencia.

Recordemos la Palabra:

Dios es Amor y el que permanece en el Amor, permanece en Dios y Dios permanece en él (1Jn 4,8; 16;19).

Permanezcan en mí como yo permanezco en ustedes. Así como el sarmiento no puede llevar fruto por sí mismo, si no permanece en la vid, tampoco ustedes, si no permanecen en mí (Jn15,4).

Yo soy la vid, ustedes los sarmientos; el que permanece en mí, y yo en él, éste lleva mucho fruto; porque separados de mí no pueden hacer nada (Jn15,5).

Si uno no permanecen mí, será echado fuera como el sarmiento y se secará; los toman, los echan al fuego y se queman (Jn15,6).

Si permanecen en mí y mis palabras permanecen en ustedes, pidan todo lo que quieran y lo obtendrán (Jn15,7).

Mi Padre será glorificado si dan fruto abundante y son mis discípulos (Jn15,8).

E. Ya colocados en el centro del Triangulo, sugerimos tomar una posición alerta y meditativa con la espina dorsal erecta. Empezamos a respirar en consonancia con los latidos de nuestro corazón, seguimos respirando y sintiendo los latidos de nuestro corazón, colocando nuestra mano derecha en nuestro pecho [97].

F. Estamos entrando a un alto estado de conciencia en el campo del Amor Divino. Es un momento de divina intención. Mientras vamos respirando lenta y profundamente en consonancia en el sentir los latidos de nuestro corazón, tomamos conciencia que en este 1er plano estamos en el mundo pero cuando nos colocamos en el fluir del Ser no pertenecemos al mundo. También estamos en referencia al Hijo que nos comunica su Amor en el instante de Verdad.

Nos mantenemos haciendo 3 respiraciones lentas y profundas y para mayor bien repetimos igualmente 3 veces el sonido *Aaaaaaa* cuando inspiramos y *mennnnn* cuando expiramos o simplemente nos dejamos penetrar por la Gracia respirando 3 veces lenta y profundamente.

G. Desde allí nos trasladamos, caminando al universo de infinitas posibilidades que se encuentra en el lado derecho o Esperanza. En confianza y humildad en esta instancia, nos dejamos colmar del Espíritu Santo, recibiendo y aceptando; es decir, permitiendo al Espíritu Santo que nos eleve con su *moción*, en este *kairos* igualmente respiramos profunda y lentamente 3 veces diciendo *recibo* -cuando inspiramos- y *acepto* -cuando expiramos-, *recibo y acepto, recibo y acepto*: luego regresamos al punto cero o vacío del mismo plano, estar en el mundo pero no estar en él.

H. Seguimos conscientes de ser hijos en el Hijo de Dios Padre/

---

97 Llamada respiración de coherencia cardiaca, se ha demostrado que una buena práctica de esta respiración nos ayuda a centrarnos.
cf. https://www.youtube.com/watch?v=2PV1LES4fMM

Madre y al encontrarnos en la plenitud de su Amor decimos: 3 veces *Aaaaaaa*-cuando inspiramos y *mennnnn*-cuando expiramos.

I. Luego nos trasladamos hacia el vértice de la izquierda, donde nos encontramos con una Fe remota – empobrecida-. Volvemos a respirar 3 veces; inspiramos diciendo *dejoooo* y expiramos diciendo *irrrrrr*, concienciamos el dejar ir el pasado.

Dejar ir el pasado no significa desconocerlo; significa que al reconocerlo lo *dejamos ir* para ser transformado en combustible para nuestro presente; este pasado que estamos considerando estiércol, es aquel que nos ha mantenido estancados de tal manera que nos ha limitado en nuestra efectividad, por tanto, intentamos actuar como San Pablo con tal de ganar a Cristo (cf. Fl 3,7-8). Este quehacer nos permite mantenernos en espíritu de oración atentos a *dejar ir* todo lo que no nos deja fluir; con humildad colocamos la palma de la mano del brazo izquierdo hacia abajo, en posición de dar o *dejar ir*. Liberamos el deseocualquier tipo de deseo- en la quietud del Ser.

La praxis de *dejar ir* el pasado o creencias limitantes robustece la Fe, haciéndola crecer elevándola hacia el Amor. Continuamos en oración muy centrados en dejar ir nuestro pasado para regresar y vivir en el presente.

J. Colocados en la vertical, seguimos inspirando lenta y profundamente y una larga y muy lenta exhalación sintiendo cada vez mi unidad interior con mi Esencia Original, al inspirar emitimos el sonido: *Aaaaaaa* y *mennnnn* cuando expiramos, siempre se repite hasta 3 veces, y nos quedamos allí recibiendo el flujo de la Gracia que nos conecta con la Verdad y nos dejamos Amar por el lapso que queramos de acuerdo al tiempo pre-establecido.

Se recomienda hacer 3 veces este ejercicio cada vez que se ejercite, siguiendo la línea trinitaria.

Es muy importante estar atentos a no inter-actuar con ningún otro pensamiento o sentimiento. La mente humana tiene el hábito de dejarse afectar o interrelacionarse con otros pensamientos perdiéndose así la idea original, en esto concierne el estado de atención; se trate de pensamientos o incluso visiones espectaculares, regresemos a la oración propuesta.

Parte II
NUEVE CAMPOS Y NUEVE PUERTAS

Capítulo II
SEGUNDO CAMPO Y PUERTA DE LAS EMOCIONES

II.1. Lo que entenderemos por Emoción
II.2. ¿Cómo hacer la práctica en este 2do plano?

Pero quien cumple su palabra, ése ama perfectamente a Dios. En eso conocemos que estamos con él. Quien dice que permanece con él ha de vivir como él vivió y el espíritu de la mentira.
(1Jn 2,5-6)

**…Dios es Amor y el que permanece en el Amor,
…permanece en Dios y Dios permanece en él
Nosotros amamos porque él nos amó primero**

(1Jn 4,8; 16;19)

La respiración consciente es como una amiga siempre disponible. Cuidado, no hay que pedirle lo imposible. Es inútil intentar respirar para 'no' sentir estrés, angustia, miedo, tristeza, cólera. Pero sí se respira para no dejarse *ahogar*. Nos centramos en la respiración de la misma manera que pedimos a un amigo que esté de nuestro lado para afrontar una prueba o dificultad.

Christophe André

Parte II

Capítulo II

SEGUNDO CAMPO Y PUERTA DE LAS EMOCIONES

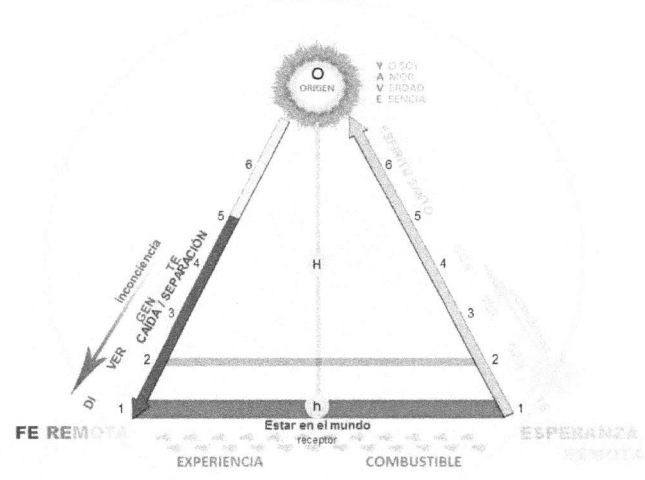

Sobre las emociones, se han hecho muchos estudios a diferentes niveles en la ciencia del conocimiento humano. Actualmente es un tema muy de vanguardia, así que lo más indicado e importante es conocerlas, comprenderlas y aceptarlas, en grado sumo, asumirlas; dejar ir las innecesarias, respetar, acceder y fluir con las efectivas. Haremos referencia a algunos autores actuales que se han dedicado a investigar y realizar prácticas muy efectivas para descubrir, revelar y liberar las emociones que se han hecho ocultas o muy ocultas que se han plasmado en nuestra memoria celular.

Win Un Instante de Gracia 111

II.1. LO QUE ENTENDEREMOS POR EMOCIÓN

• No es exactamente la reacción a un estímulo, sino que es nuestra propia percepción del estímulo quien crea la emoción. Existimos personas que reaccionamos frente a un mismo estímulo de diferente manera e intensidad, unas *nos emocionamos* más que otras. Se trata de las distintas formas de ver un problema.

• Las emociones son la parte principal, más importante de la personalidad. Para conocer realmente a una persona la pregunta clave NO es: ¿Qué ideas tiene? ¿Qué conducta observa? Sino ¿cómo reacciona emocionalmente ante las cosas? ¿Qué ama, qué odia, qué le alegra, qué teme, qué le duele?

• En el discurrir del Eneagrama se dice que no se cambia de personalidad sino que se evoluciona dentro de la misma o lo que sería en términos de Cristificación, el despersonalizarnos- *cambiar las emociones* - es decir, se cambia la percepción del estímulo. Liberando las emociones cambia la persona, y al *dejar de ser* su *yo*, opta
por el *Yo interior* o esencia.

• En el llamado campo de la espiritualidad es muy importante tomar en cuenta las emociones, pues la persona es un ser integral. Muchas veces el *problema espiritual* no es otro que la necesidad de encontrar las emociones atrapadas; estas provocan el comportamiento de una persona reactiva a determinados estímulos.

• Podría uno preguntarse: ¿No sería bueno formarse para tener siempre emociones *positivas*? No, sería dañino. Hay que experimentar todas las emociones naturales y humanas; y reeducar las *emociones aprendidas*. Desde el punto de vista de la naturaleza, todas las emociones son buenas, lo que debe tomarse en cuenta son las *reacciones exageradas* en cuanto a lo que se considera *normal*.

- Las emociones consideradas naturales son: el dolor, la ira (rabia, agresividad, enojo), miedo, alegría y el Amor.

Entre las diferentes categorías de las emociones primarias encontramos 5 tipos fundamentales:

1. Miedo: anticipación de una amenaza o peligro que produce ansiedad, inseguridad e incertidumbre.
2. Asco/Aversión: disgusto, solemos alejarnos del objeto que nos produce rechazo.
3. Ira: rabia, enojo, resentimiento, furia, irritabilidad.
4. Alegría: diversión, euforia, gratificación, satisfacción, sensación de bienestar y seguridad.
5. Tristeza: pena, soledad, pesimismo.

Las funciones que se le adjudican a estas son:

- √ Miedo: favorece la tendencia a la protección. El peligro es una realidad pero tener miedo es una opción.
- √ Asco/aversión: nos produce rechazo.
- √ Ira: nos induce hacia la destrucción, la agresión.
- √ Alegría: nos induce a la repetición de lo que nos hace sentir bien.
- √ Tristeza: nos motiva hacia una nueva reintegración personal.

La emoción transgeneracional es la correspondiente a las memorias emocionales familiares, se le describe como una emoción *ajena* a la persona. El impacto emocional no se ha producido durante la vida de la persona, sino que lo han sufrido anteriormente uno o varios de sus ascendentes [98]

---
[98] Corbera Eric, Fundamentación teórica de la Bioneuroemoción, p.24, www.enriccorbera.com

- Decidir desde el voluntarismo no sentir las llamadas *emociones negativas* sólo puede generar neurosis y dolor, hasta enfermedades físicas. Ejercer la agresividad desde un lugar emocionalmente inteligente y compasivo es parte del desarrollo sano de todo ser auto-realizante [99].

- Debemos, pues, poner mucha atención a esta cuestión. Estar atentos a que las emociones no impidan un trabajo o una tarea, observar que no se involucren ambas, que la una no deje realizar a la otra. Ser transparente, sin encubrirse bajo la profesión, rol, deber o compromiso. O lo que es lo mismo: prestar atención a los sentimientos y a las necesidades del corazón, sin proyectarse instintivamente en la acción o en los propios proyectos.

- El hecho es no evitar sentir emociones, ni esconderlas, pues emergerán lo más seguro en forma de alguna enfermedad, psíquica, física o las llamadas enfermedades del alma. Las personas que esconden las emociones es decir no las demuestran directamente pueden mostrarse rígidos e inflexibles frente a aspectos o interpretaciones de la verdad que no coinciden con la suya propia o que le parecen dudosas y ambivalentes. Esta metodología de Meditación Contemplativa en Acción nos permite estar atentos a nuestros: comportamientos, pensamientos, emociones y nuestras actitudes ante la vida, concienciando el estar siempre acompañados de la Gracia transforma al ser en personas justas (balanceadas), ecuánimes y coherentes.

- Lo ideal es convertirnos, en lo mejor de sí mismo, en lo que ya somos pero desconocemos, aceptando el carácter gratuito de la Gracia, manifestada por la acción del Espíritu Santo.

---

[99] www.centrotranspersonal.com.ar

- Expertos como Spielberger, Ritterband, Sydeman y otros, definen las emociones como estados o condiciones psicobiológicas complejas, cualitativamente diferentes con propiedades fenomenológicas y fisiológicas propias, donde la calidad e intensidad de los sentimientos experimentados durante la experiencia emocional, forman parte de las características de la emoción gestada.[100]

- Desde otra definición, las emociones son procesos neuroquímicos y cognitivos relacionados con la arquitectura de la mente, la toma de decisiones, la memoria, atención, percepción e imaginación, que han sido perfeccionadas por el proceso de selección natural como respuesta a las necesidades de supervivencia y reproducción (Sloman 1981), se plantea que el procesamiento emocional puede producirse en ausencia del conocimiento consciente.[101]

- Nuestra prisión o esclavitud ha sido impuesta por *nosotros mismos*, por esa debilidad que se ha apoderado de nuestra voluntad que ha usurpado la Voluntad de Dios Padre para sus hijos, por actuar mecánicamente e incitar compulsivamente a los mecanismos de defensa, los cuales nos ha convertido en sus esclavos.

- La liberación significa independizarnos de ese rasgo, pero sólo La gracia de Dios aunada a nuestra voluntad concienciada lo podría realizar; de allí la oración del *Padre Nuestro*: [..] hágase tu voluntad [...]; de tal forma que reconocemos que por nosotros mismos, por propios esfuerzos, ni por sacrificios o deseos podremos liberarnos. Sin embargo

---

[100] CORBERA, E, *Fundamentación teórica de la Bioneuroemoción*, Evolución de la Biodescodificación, Editorial Sincronía, Barcelona, España, 2013,38-39. Es importante estar atentos a los últimos descubrimientos sobre la incidencia de las emociones sobre nuestro cuerpo.

[101] CORBERA, E, *Fundamentación teórica de la Bioneuroemoción*, Evolución de la Biodescodificación, Editorial Sincronía, Barcelona, España, 2013, p.4

si estamos conscientes y despiertos a no actuar mecánicamente y estar atentos a dejarnos conducir por el Hijo hacia la Voluntad del Padre El seguimiento a Cristo nos llevará a recibir la tan anhelada liberación.

- …el yo emocional actúa principalmente según motivaciones inconscientes. Una persona podría pensar que está sirviendo desinteresadamente a otra, o a la humanidad, o a Dios, pero con mucha frecuencia lo hace por una idea o ideal que, principalmente, viene determinado por intereses inconscientes egoístas. [102]

- Las emociones como la ira, la depresión y la ansiedad pueden socavan nuestro éxito, pero la respuesta no está en la represión de las emociones. Las emociones tienen que moverse, y establecerse en patrones más tranquilos para que puedan soportar de forma fiable nuestro éxito con visión, energía y alegría. (*Deepa Chopra*)

- Las reacciones naturales exageradas son también aprendidas, o han sido impresas en nuestras células y reaccionan de *forma exagerada e inconsciente*, según la grabación que haya quedado en el cuerpo. Las emociones desagradables si no se reconocen en su debido momento convierten a la persona en otra con hábitos no deseados, por ejemplo si una persona se habitúa a la mentira esta recurrencia a la mentira la disocia; es como tener dos cabezas, es decir deforme, no se han conectado con su centro.

....
[102] A.H. Almaas., La Esencia. Las Facetas de la Unidad, p.24

II.2. ¿CÓMO HACER LA PRÁCTICA EN ESTE 2do PLANO?

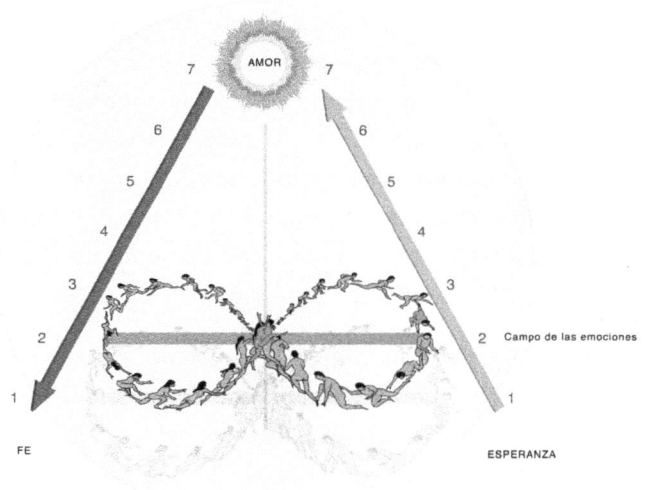

Ya elaborado el triangulo y superado el primer plano que hemos llamado de la personalidad o de estar en el *ego*, sin embargo es necesario recordar que la personalidad como tal está compuesta por los cuatro centros (biofísico- emocional, mental y espiritual). Este método la ha diferenciado en planos: que van en orden ascendente desde lo biofísico (más denso hasta planos muy sutiles) pasando por este 2do plano correspondiente al campo de la emociones.

1. Ubicados en este 2do campo, nos colocamos en centro de esta horizontal, en el punto cero, como lo expresamos en la oración del plano anterior, vaciándonos en este momento de las emociones al exponernos a la Luz del Amor, en el rio de agua viva de la Verdad. Ir al centro o vacío es ir a la Presencia del Amor.

2. Recordamos que hemos sugerido una posición alerta y meditativa con la espina dorsal erecta. Empezamos a respirar en consonancia con los latidos de nuestro corazón, colocando nuestra mano derecha en nuestro pecho; respiramos lenta y profundamente y para mayor concentración emitiremos 3 veces el sonido *Aaaaaaa* cuando inspiramos y *mennnnn* cuando expiramos) o simplemente nos dejamos penetrar y fluir por la Gracia.

3. Estamos entrando a un alto estado de conciencia en el campo del Amor Divino. Es un momento de divina intención. Mientras vamos respirando lenta y profundamente en consonancia en el sentir los latidos de nuestro corazón, atentos que este 2do campo o planos de las emociones no permitiremos interrelacionarnos con ningún tipo de ellas.

4. Desde allí nos trasladamos, caminando al universo de infinitas posibilidades que se encuentra en el lado derecho, instancia de la Esperanza. En confianza y humildad en esta instancia, nos dejamos colmar del Espíritu Santo, *recibiendo y aceptando*; nuevamente respiramos 3 veces lenta y profundamente, permitiendo al Espíritu Santo que nos eleve por su *moción*. Mientras inspiramos decimos *recibo* y *acepto* cuando expiramos, repetimos esta acción tres veces y regresamos al punto cero o vacío de este 2do plano.

Parte II **NUEVE CAMPOS Y NUEVE PUERTAS**

5. Atentos a que nos encontramos en el punto cero del campo de las emociones en la plenitud del Amor, emitimos tres veces el sonido *Aaaaaaa* - cuando inspiramos y *mennnnn* - cuando expiramos.

6. Luego marchamos hacia el lado izquierdo en donde se encuentra la Fe que ya ha comenzado a fortalecerse. En humildad colocamos la palma de la mano del brazo izquierdo hacia abajo, en posición de dar o de *dejar ir*. Volvemos a respirar 3 veces lenta y profundamente; cuando inspiramos decimos *dejoooo* y cuando expiramos decimos *irrrrrr*, atentos que estamos *dejando ir* sobretodo las emociones recurrentes que en el pasado consiguieron en nosotros un estancamiento haciéndonos deficientes. *Liberamos la emoción - cualquier tipo de emoción - nos encontramos en la quietud del Ser.* Este quehacer nos permite mantenernos en espíritu de oración tomando conciencia de dejar ir todo lo que no nos deja fluir; La praxis de *dejar ir* las emociones limitantes que en el pasado nos hizo errar; va haciendo robustecer y crecer la Fe, elevándola hacia el Amor. Continuamos en oración, muy centrados en *dejar ir* nuestro pasado para regresar y vivir en el presente.

7. Seguimos conscientes de encontrarnos en la plenitud del Amor en el fluir del SER y nuevamente hacemos 3 respiraciones emitiendo el sonido *Aaaaaaa*- cuando inspiramos y *mennnnn* - cuando expiramos.

8. Este ejercicio se repite hasta 3 veces, y nos quedamos allí recibiendo el flujo de la Gracia que nos conecta con el rostro de la Verdad y nos dejamos

Amar por el lapso que queramos de acuerdo al tiempo pre-establecido. Se recomienda hacer 3 veces este ejercicio cada vez que se ejercite, siguiendo la línea trinitaria.

9. Al ejercitarnos en esta praxis, es muy importante recordar estar atentos a no inter-actuar con ninguna emoción. La mente humana tiene el hábito de dejarse afectar o interrelacionarse con pensamientos que originan emociones perdiéndose así la idea original, a esto concierne el estado de atención; aunque se trate de buenas emociones.

El ejercicio completo se repite hasta 3 veces.

Es un entrenamiento para permanecer en el presente, con apertura al futuro y sus infinitas posibilidades y dejando al pasado que cumpla su función de combustible para el presente.

Cuando tengamos un momento específico en donde se presente una emoción que no nos deja ser eficientes, o fluir con el resto de la existencia, nos imaginamos que estamos en el punto central del Triángulo y respirando decimos: *en consciencia me encuentro en el punto cero del fluir del Ser*, lo decimos cuantas veces sea necesario, hasta que sintamos paz y tomamos conciencia que nuestra percepción sobre el momento en cuestión ya es diferente, ya no nos afecta.

Parte II
NUEVE CAMPO Y NUEVE PUERTAS

Capítulo III
TERCER CAMPO Y PUERTA DEL PENSAMIENTO

III.1. Lo que entenderemos por Pensamientos
III.2. ¿Cómo hacer la práctica en este 3do plano?

Yo soy el camino, la verdad y la vida.
(Jn 14,6).

...He venido al mundo, para dar testimonio de la verdad.
Quien está de parte de la verdad escucha mi voz.
(Jn 18,37)

... Él sabe que dice la verdad, para que también ustedes crean.
(Jn 19,35)

Podemos contemplar a Dios viendo al mundo a través de sus obras y entender por ellas qué El es eterno, poderoso y que es Dios.
(Rm 1,20)

...Se perdieron en su razonamiento y su corazón extraviado se enegueció más todavía. Pretenden ser sabios cuando hablan como necios.
(Rm 1,21)

NUNCA HICE UNO DE MIS DESCUBRIMIENTOS
POR MEDIO DEL PROCESO DEL PENSAMIENTO RECIONAL.
Albert EINSTEIN

PARA ALCANZAR LA VERDAD ES NECESARIO, UNA VEZ EN LA VIDA,
DESPRENDERSE DE TODAS LAS IDEAS RECIBIDAS Y RECONSTRUIR DE NUEVO
Y DESDE LOS CIMIENTOS TODO NUESTRO SISTEMA DE PENSAMIENTO.
René DESCARTES

Parte II

Capítulo III

TERCER CAMPO Y PUERTA DEL PENSAMIENTO

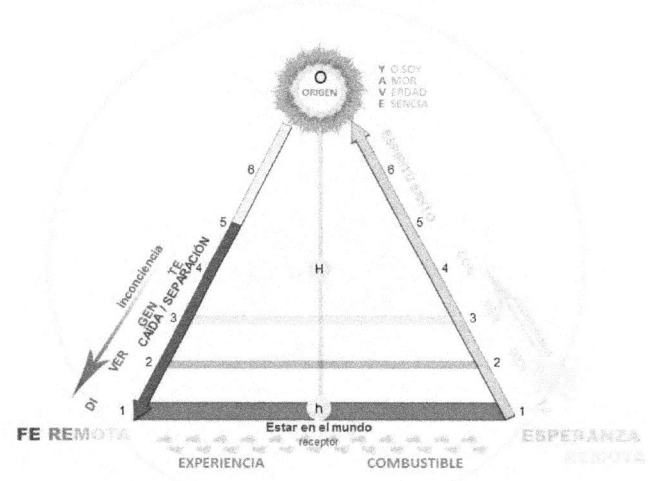

Al pensamiento se le define como todo aquello que se trae a la realidad por medio de la actividad intelectual. Por eso, puede decirse que los pensamientos son productos elaborados por la mente, que pueden aparecer por procesos racionales del intelecto o bien por abstracciones de la imaginación. Puede abarcar un conjunto de operaciones de la razón, como lo son el análisis, la síntesis, la comparación, la generalización y la abstracción. Por otra parte, hay que tener en cuenta que se manifiesta en el lenguaje e, incluso, lo determina. [103]

....
[103] http://definicion.de/pensamiento/#ixzz3giroof4

III.1. LO QUE ENTENDEREMOS POR PENSAMIENTOS

Así como respiramos pensamos, es decir, que el pensamiento se mueve o se desplaza a gran velocidad sin control, en su gran mayoría es información que viene de afuera y de antaño y del llamado inconsciente colectivo (Carl G. Jung), se cree que sólo el 5% de los pensamientos son creados por cada quien [104]. Los pensamientos entrelazados sobre: familia, religión, política, trabajo son los que conforma las (4) *creencias* que se fueron formando a lo largo de nuestras vidas como las capas de cebolla, entre capa y capa se crearon emociones de todo tipo, es el caso de emociones muy traumáticas o desagradables, según cada quien.

El pensamiento no es material, pero se puede materializar por las creencias (creencias que alimentan el pensamiento) [105] El pensamiento está presto a atacar o a defenderse, se encuentra en competencia. *En la biología los comportamientos son claros, se sobrevive gracias a la cooperación, no gracias a la competencia* (Bruce Lipton). La creencia en la teoría de la supervivencia nos lleva a la competitividad. La unidad es co-operatividad, sinergia, unidad. El centro racional o intelectual se destaca por sus instintos de supervivencia y mayor capacidad de intuición y percepción.

Observamos que cada uno de los otros centros (visceral y sentimental) se ocupan de algo diferente, pero a la vez todos están y son desde el centro espiritual y este último en todos, he allí el misterio. Somos materia espiritualizada o espíritu encarnado, no animales;

....

[104] Se explica: La gran mayoría de nuestros pensamientos son de nuestros padres, maestros, familia, amistades y sociedad en general. Numerosas investigaciones coinciden que sólo un 5% de los pensamientos son propios.

[105] http://www.lavanguardia.com/lacontra/20110909/54213913374/loque-pensamos-varia-nuestra-biologia.html#ixzz3Ngf4XODX

estamos hechos con polvo del suelo con Espíritu divino, observamos que la tríada es dinámica, los centros se interrelacionan entre sí.

Siendo los tres centros (visceral, sentimental y mental) absolutamente necesarios e indispensables, consideramos que debemos desarrollarlos armónicamente, sin prevalencia de ninguno. Aunque en cuestiones de transformación se diga que el más importante es el pensamiento-racional, en cuanto a la divinidad lo más importante es el amor-corazón.

En la fracción de segundos que separemos nuestros cuerpos de nuestras mentes, el cuerpo sigue vivo, el latir de nuestro corazón permanece, el cuerpo continúa con las demás funciones; el individuo sigue siendo persona. La mente se da preeminencia en casi todas las personas. La mente empieza en la dirección de, juzgar, analizar, fijar, controlar y tratar de dominar el cuerpo y el alma. La mayoría de las personas piensan que ellas son su forma de pensar René Descartes sólo estaba siendo honesto cuando dijo: ¡*Pienso, luego existo!*

También la meditación contemplativa puede ayudarnos a resolver este paradigma. La meditación nos permite encontrar la más profunda autorreflexión en la no-reflexión, en el silencio, -antes de pensar en ello, antes de realizar juicios, sus preferencias, y todos los comentario mentales. Realmente no importa lo que pensemos acerca de las cosas, aunque a la vez no lo creamos. Este es un avance revolucionario y humillante para la mayoría de la gente que se confiesa pensadora. Lo importante es lo que se es.

Las personas con enfermedad mental o la enfermedad de Alzheimer son claramente personas que merecen respeto porque están hechos a imagen de Dios, y sin embargo, su mente está debilitada. Esto debería decirnos que no eres tu mente; tu mente no te hace humano. Somos algo más grande que nuestra forma de pensar. Algunos no superan esta división hasta la última hora de su vida. Visto de esta forma por los pensamientos tienen una influencia directa sobre el curso de los acontecimientos.

La sabiduría [106] como conocimiento profundo de la trama del mundo y de la vida no puede ser alcanzada sólo por el pensamiento sino acompañada por la experiencia de la misma. Antes se hablaba y se inducía al control de los pensamientos, ahora no se induce la necesidad al control, sino a la sustitución en conciencia de lo que se estaba pensando; en esta metodología proponemos ir al punto cero o neutro allí no se controla, se deja ir el pensamiento como en la meditación cristiana propuesta por Jonh Main o incluso por otros tipos de meditación. Se entra en un estado de armonía y equilibrio que nos hace coherentes y cohesivos, dado que si no hay juicio condenatorio no hay emoción que nos descontrole. No hay ni buenos ni malos. Ni bueno ni malo. Siempre nos centraremos en el eje del Amor. Punto neutro, mi perspectiva se va a acomodar al Ser Original, limpiamos la antena de percepción al alinearnos en el vacío que le pertenece al SER.

Aceptación: somos nosotros quienes determinamos el valor de lo que recibimos y somos quienes fijamos el precio de acuerdo con lo que damos. Muchos dicen es imposible dejar de pensar, mientras no te des el permiso y la aceptación de que también puede aprender a estar en el vacío, en el silencio divino, en el punto cero del Eje del Ser; evidentemente que no logrará hacerlo es decisión de cada quien y nadie podrá hacerlo por él o por ella.

A continuación encontraremos algunos versículos del Profeta Isaias que nos confirma lo anteriormente dicho:

> *Busquen al Señor mientras se deje encontrar, llámenlo mientras esté cerca; que el malvado abandone su camino y el criminal sus planes; que regrese al Señor, y él tendrá*

....
[106] Recordemos: Dios creó al hombre para la inmortalidad y lo hizo a imagen de su propio Ser (Sab.2,23) y en el versículo 24 nos dice: pero la muerte entró en el mundo por la envidia del Diablo (es decir por querer ser como el Otro sin Él. Es allí el comienzo de la división, la separación, la divergencia y todo el que sigue estos parámetros la sufrirá).

piedad; a nuestro Dios, que es rico en perdón. Mis planes no son sus planes, sus caminos no son mis caminos – oráculo del Señor–. Como el cielo está por encima de la tierra, mis caminos están por encima de los suyos y mis planes de sus planes. Como bajan la lluvia y la nieve del cielo, y no vuelven allá, sino que empapan la tierra, la fecundan y la hacen germinar, para que dé semilla al sembrador y pan para comer, así será mi Palabra, que sale de mi boca: no volverá a mí vacía, sino que hará mi voluntad y cumplirá mi encargo. (Is 55, 6-11)

III.2. ¿CÓMO HACER LA PRÁCTICA EN ESTE 3er PLANO?

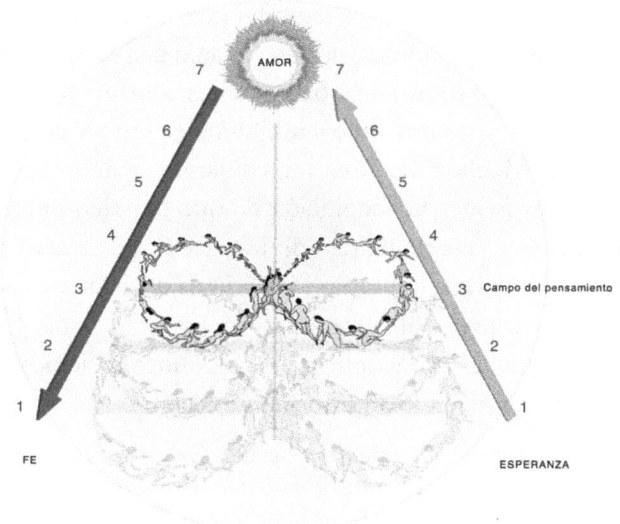

Preparado previamente el espacio sagrado y el tiempo para no ser interrumpidos. Establecemos un tiempo mínimo de 20 min y 40 min como máximo y con la figura del Triángulo que venimos practicando con antelación.

Sugerimos tomar una posición alerta y meditativa con la espina dorsal erecta, estamos entrando a un alto estado de conciencia de campo de Amor divino.

1. Nos ubicamos, física o mentalmente en el centro de esta figura, es decir en la vertical que sube desde el punto central de la horizontal de la 3era estación hasta el vértice superior del Triángulo; esta vertical simboliza el fluir del Ser. Hemos dicho que en la 3era estación aludimos el estar en el campo mental o del pensamiento, al colocarnos en el centro de esta horizontal, justo nos hacemos *uno* en ella, haciendo conciencia de ser y estar en el Ser del Hijo y del Madre/Padre Dios en el instante de la Verdad, en la plomada del Amor (liberar el pensamiento en la quietud del Ser- No interactuamos con la mente).

2. Empezamos a ser una respiración en consonancia con nuestro corazón dejando que todo se vaya, respiramos y sentimos los latidos de nuestro corazón (respiración en coherencia cardiaca). Para mayor bien repetimos 3 veces el sonido -Amén- *Aaaaaaa* cuando inspiramos y *mennnnn* cuando expiramos). Al ir despertando nuestra conciencia comenzaremos en enfocarnos en nuestra coherencia, encendiendo nuestro propio camino y para el resto de los que están a nuestro alrededor y mucho más allá.

Inspirando lenta y profundamente y una larga y muy lenta exhalación sintiendo cada vez mi unidad interior con mi Esencia Original.

Vamos relajándonos profunda y lentamente; manteniendo nuestra conciencia atenta movemos nuestros ojos hacia lo más alto de nuestra cabeza (y *levantando los ojos al cielo* Jn 17,1) y al mismo tiempo colocamos nuestra lengua pegada al paladar (Sal 136). Deseando tener la visión divina centrados en la respiración en frecuencia cardiaca. Somos Unidad.

Desde allí nos trasladamos, caminando al universo de infinitas posibilidades que se encuentra en el costado derecho o Esperanza, y aquí, por decirlo de alguna manera nos dejamos colmar del Espíritu Santo, *recibiendo y aceptando* es decir permitiendo al Espíritu Santo que nos mueva (en este momento igualmente respiramos profunda y lentamente 3 veces diciendo *recibo*-cuando inspiramos - y *acepto* -cuando expiramos-, *recibo y acepto, recibo y acepto* y regresamos al punto cero o vacío de ser en el Mundo pero no estar en él. Tomamos conciencia de ser hijos en el Hijo de Dios Padre/Madre y estar con Él y en Él en plenitud de su Amor (y volvemos a decir 3 veces – Amén- *Aaaaaaa*-cuando inspiramos y *mennnnn*-cuando expiramos.

Luego marchamos hacia el lado izquierdo en donde se encuentra la Fe remota –empobrecida- (en este momento también respiramos 3 veces cuando inspiro digo *dejoooo* y cuando expiro digo *irrrrrr*) para *dejar ir* las creencias limitantes del pasado que lo estamos considerando estiércol con tal de ganar a Cristo, como San Pablo, de tal forma la Fe se robustece creciendo y elevándose hacia el Amor, dejando ir nuestro pasado para regresar y vivir en el presente, es decir en la Vertical que me conecta con el Amor y allí vuelvo a inspirar- *Aaaaaaa* y *mennnnn* cuando expiro. Este ejercicio se repite hasta 3 veces. Todo el hecho es el estar conscientes del presente, sin inter-actuar con otros pensamientos ni emociones, sólo es dejarnos estar presentes en la Presencia.

Este ejercicio es una de las propuestas que se puede presentar. Como es una metodología en perfeccionamiento, he experimentado otras que son totalmente valederas, animo a los lectores que hagan sus propias experiencias pero desde el ámbito del Triángulo y todo su contenido ideológico, si es de su agrado. Lo trascendental es la filosofía y la constancia en la práctica del método, no el cómo aplicarlo, evidentemente sabemos que los que resuenan con la praxis en sí, la realizaran siguiendo pauta por pauta.

En este ejercicio somos capaces de reconocer la verdadera naturaleza del pensamiento al momento de surgir en nuestra mente y lo *dejamos ir* en paz y así sucesivamente los pensamientos se van disolviendo automáticamente. De esta manera al disponernos en el fluir del Ser Original la *Gracia nos penetra, y fluimos en Ella*, hemos entrado en un estado de profunda quietud que por lo general no dura mucho, pero con la práctica, cada vez, se hará más extensa en el tiempo. No debe haber interacción ni distracción con nada ni nadie.

En cuanto a la competitividad o la unificación, presentamos un ejemplo, entre los millones de ellos que podemos encontrar a saber: Es de todos conocido que el cloro (Cl) y el sodio (Na) separados son altamente venenosos en cambio cuando se unen y se complementan el uno con el otro se convierte en la maravillosa sal (ClNa), elemento fundamental para la vida.

Cuando se nos presente un momento insoportable o medianamente soportable de pensamientos incontrolados en donde no podemos centrarnos en algo que deseamos o que debemos realizar y que por consiguiente repercute en un estado deficiente con pérdida de tiempo y de energía, sugerimos lo siguiente: *nos imaginamos que estamos en el punto central del Triángulo, empezamos a tener conciencia de nuestra respiración lenta y profunda*, y decimos, : estoy en el punto cero del eje del Ser, lo decimos cuantas veces sea necesario, hasta que sintamos paz, pues el pensamiento perjudicial se ha disipado, ha sido sustituido por el Amor.

El estado de atención es indispensable hacia el Camino de la Unidad y observamos cada vez más como la metodología nos va llevando a un estado de atención importante. Vamos experimentando como la necesidad de explicar y razonar todos los acontecimientos nos ha alejado del eje de la Verdad.

Parte II
NUEVE CAMPOS Y NUEVE PUERTAS

Capítulo IV
CAMPO Y PUERTA DE LA TEMPLANZA ENTRE EL SOMA Y EL ESPÍRITU

Cuatro propiedades del mismo campo:
IV.1. Campo y Puerta de la Conciencia Crística o Puerta del Alma
IV.2. De la Esencia de la Personalidad
IV.3. De los Programas o Condicionamientos
IV.4. Del Peregrino
IV.5. ¿Cómo hacer la práctica en este 4to plano?

Les aseguro: el que no entra por la puerta al corral de las ovejas, sino saltando por otra parte, es un ladrón y asaltante. El que entra por la puerta es el pastor del rebaño. El cuidador le abre, las ovejas oyen su voz, él llama a las suyas por su nombre y las saca. Cuando ha sacado a todas las suyas, camina delante de ellas y ellas le siguen; porque reconocen su voz (El sonido dirige a la materia [107]).
A un extraño no le siguen, sino que escapan de él,
porque no reconocen la voz de los extraños
(Jn10,1-5).

Yo Soy la Puerta: *quien entra por mí se salvará;*
podrá entrar y salir y encontrar pastos.
(Jn 10, 9)

....
[107] Existen interesantes estudios sobre el fenómeno del sonido sobre la materia (Cimática). Recordemos: Dijo Dios…(Cf. Gn1,3-31). Aún más El Logos es Dios. (Cf. Jn1,1-3)

Parte II

Capítulo IV

CAMPO Y PUERTA DE LA TEMPLANZA ENTRE EL SOMA Y EL ESPÍRITU

IV.1. CAMPO Y PUERTA DE LA CONCIENCIA CRÍSTICA O PUERTA DEL ALMA

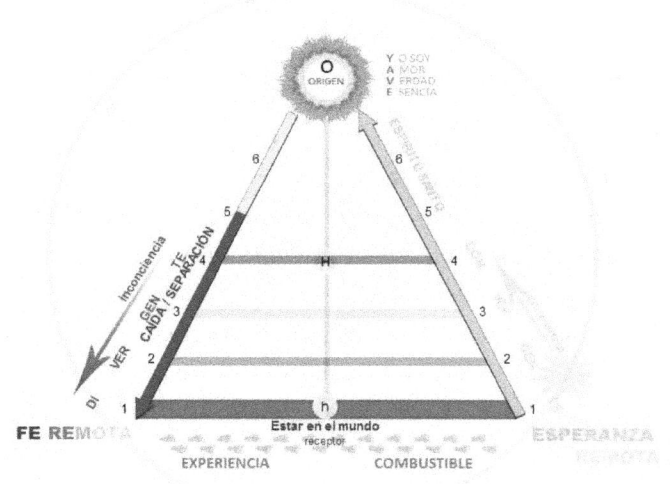

Al principio existía la Palabra y la Palabra estaba junto a Dios, y la Palabra era Dios.
(Jn 1,1)

Esta es la vida eterna: que te conozcan a ti, único Dios verdadero y a tu enviado Jesucristo.
(Jn 17, 3)

Este plano es el punto clave de toda la metodología, pues es aquí en donde hallaremos el espacio de la Conciencia Crística, es decir, es el momento en que estamos haciendo coincidir todo nuestro ser corporal, mental y espiritual, nos estamos identificando o reconociéndonos hijos en el Hijo (Dios y hombre verdadero).

Entendemos estar en la Conciencia Crística cuando hacemos coincidir nuestra forma de pensar, sentir y actuar al unísono con la conciencia del Ungido que hemos denominado **Conciencia Crística**:

Cristo Jesús, nuestro referente, tuvo conciencia de:
Ser Hijo de Dios Padre
Ser Uno con el Padre
Siempre se mantuvo en la verdad, de tal forma que encarnó la Verdad, y con certeza dijo Yo Soy la Verdad.

Estuvo siempre pendiente de hacer la Voluntad (discernimiento) de su Padre y para conocerla, se reunía a diario con Él, especialmente muy de mañana: Escuchaba y Obedecía (*Ob audire*) Fe-Confianza-.

Supo quién era a través del discernimiento. Reconoció su identidad y nunca la negó.

Yo Soy: La puerta: *Yo Soy la puerta*: quien entra por mí se salvará; podrá entrar y salir y encontrar pastos... *Yo Soy el buen pastor*: conozco a mis ovejas y ellas me conocen a *como el Padre me conoce yo conozco al Padre.* (Jn10, 9.14.15).

Yo Soy el camino, la verdad y la vida (Jn 14,6).

Yo soy la luz del mundo, quien me siga no caminará en tinieblas, sino que tendrá la luz de la vida (Jn 8,12).

Yo soy testigo en mi causa y es testigo también el Padre que me envió (Jn 8,18).

Nunca negó quien era. Estaba claro de quién era y por ello conocía bien el *propósito* de su vida [108].

En todas sus acciones observamos su autorreferencia.

Es el momento en que hemos caminado todos los planos anteriores y nos encontramos en la también llamada Esencia del alma, comprendida como:

> "La esencia del alma es una y la misma, y con tal esencia el alma da vida al cuerpo, mientras su poder, llamado inteligencia, es el principio del entendimiento. Y mediante este poder comprende las cosas eternas" (*Lectío 2, ín Caput IV Epistolae ad Hebraeos*- Sto Tomás de Aquino) [109]

IV. 2. DE LA ESENCIA DE LA PERSONALIDAD

¿Qué entendemos por Esencia de la Personalidad en esta Metodología?

Los autores del Eneagrama enunciados en la tesis de mi Maestría [110] coinciden en determinar que *Esencia* es:

Aquello que identifica a cada quién, la semilla, centro o núcleo fundamental del individuo [111]. Según otros autores es el verdadero yo.

---

[108] Cfr. Le dijo Pilato: —*Entonces, ¿tú eres rey? Jesús contestó:* —*Tú lo dices. Yo soy rey: para eso he nacido, para eso he venido al mundo, para dar testimonio de la verdad. Quien está de parte de la verdad escucha mi voz.* (Jn18,37)

[109] Merthon T., El Hombre Nuevo, p.54

[110] ROA, DULCE M., Mg. 2012. *Lectura del Eneagrama a La Luz de la Espiritualidad Cristiana en El Proceso de Personalización.* Según Richard Rohr y Javier Garrido G. Tesis de Maestría en Teología Espiritual. Caracas, UCAB. de Venezuela, Fac. de Teología, p.28

[111] ROHR Richard y Ebert A., *El Eneagrama, Los nueve rostros del Alma*, p.21

La cual está expuesta desde el embarazo y a más tardar desde el nacimiento a determinadas fuerzas protectoras y amenazadoras. Podemos concluir que es el centro, alma o Centro Personal, es la llamada chispa o naturaleza divina que habita en cada uno de los hijos de Dios. El Ser humano nace con la esencia mas no nace con la personalidad, esta última se va formando a lo largo de la vida, especialmente en sus comienzos.

Hasta ahora se ha considerado que los 7 primeros años de vida de una persona son fundamentales. Javier Garrido, religioso franciscano nombra a esta primera etapa: equipamiento[112]. La Personalidad y la Esencia del alma deben desarrollarse en forma armoniosa y equilibrada para dar lugar a un ser humanizado y armónico. Las grandes tradiciones religiosas del mundo hablan de un conflicto entre *esencia* del alma y *personalidad* lo que nos recuerda que existe una distorsión en nuestro corazón y que seguro se encuentra en el corazón de nuestra personalidad. Si consideramos a la personalidad como fachada o máscara de acuerdo a su etimología griega, derivada de la palabra persona que significa máscara, de cualquier modo es una fachada (*no yo*) con un sentido profundo, pues se ha convertido en el modo de no ser la esencia del alma.

El alma, aunque se encuentra en el centro de la personalidad, no es destruida por ella, pues es allí en donde reside nuestra imagen de Dios. Podemos determinar que la *esencia* del alma es el *yo* básico o *yo interior,* es la imagen de Dios en nosotros y que la personalidad conforma el *ego* (*no yo*), este sería la semejanza que se ha ido haciendo dessemejante en la medida que se ha alejado de su Dios Creador, es decir a medida que cada quien se identifique consigo mismo y no con quien le ha dado la semejanza. Se ha alejado de la Fuente de la vida, de su Esencia Original.

....
[112] GARRIDO, JAVIER, *Proceso humano y gracia de Dios, 153ss.* Parte de la tesis de Magister en Teología Espiritual la hice sobre la Personalización Cristiana propuesta por este autor.

También podemos decir que la Esencia de la Personalidad es Pensamiento, emoción y acción o lo que C. Jung llamó el *Self* el sí mismo que nos pone en relación con nosotros mismos, y revela nuestra conexión con los demás.

Esencia de la Personalidad y dentro de ella el *Alma*.

Alma: Sobre esta se ha escrito muchas páginas, desde la religión, espiritualidad, filosofía, psicología. Sería muy extenso hacer un compendio de todo ello. En nuestra metodología entendemos por *esencia* del *alma* al programa que le da base a todas las experiencias. También se le llama Corazón del sentido cósmico, corazón del sentido Crístico, Horizonte de la vida: Centro Universal de Convergencia: *Él y Yo somos UNO*. (cf. Jn 10,30)

IV. 3. PROGRAMAS O CONDICIONAMIENTOS

Programas inconscientes que vienen:

De nuestros antepasados. Además de la antigua creencia de que estábamos determinados por la herencia, esta verdad es relativa en cuanto a que si se hereda alguna información como morfologías, color de pelo, color de ojos y otras como las formas de algunos comportamientos, en cuanto a ser absoluto, sólo Dios es absoluto. Hoy en día según los estudiosos de la Epigenética podemos cambiar cierta información de acuerdo al cambio de la forma en que se responde al ambiente o lo que otros científicos llaman *efecto observador* [113]. No es lo mismo un observador consciente que uno no consciente de lo que está viendo. Además todo va a depender del ángulo en que se esté viendo lo observado o lo que es lo mismo *todo depende de los cristales con que se mire*, es el eterno cuento del Elefante, depende de donde

---

[113] Fenómeno encontrado en experiencias de Física Cuántica. Por internet se consigue información suficiente

se observe puede ser pura cola o pura trompa o solo la panza, ¿me siguen?

Así como se heredan los genes biológicos podemos decir que se heredan los genes psicológicos y los genes de la inteligencia espiritual, estoy segura que mis lectores lo comprenden. En el pasado y aun todavía algunos se han quedado en la creencia que somos predeterminados (según el cristianismo no lo somos) según nuestra herencia, ¿entonces cómo quedaría el libre albedrío? Esto lo explica la nueva ciencia llamada Epigenética. [114]

Desde nuestro nacimiento, y antes de éste ya existe el programa o memoria celular de nuestros padres, hermanos si los hay, tíos, resto de la familia, escuelas y resto de la sociedad, toda la cultura en general, todo esto va conformando lo que se ha llamado Personalidad cuyo elemento principal es el *ego*.

En BioNeuroEmocion se dice que hay programas estructurados, son aquellos que se instalan a edades muy tempranas, normalmente antes de los tres años. Ya se sabe que a partir de esa edad estamos neurológicamente formados.[115]

---

[114] La Epigenética (del griego epi, en o sobre, y -genética) hace referencia, en un sentido amplio, al estudio de todos aquellos factores no genéticos que intervienen en la determinación de la ontogenia o desarrollo de un organismo, desde el óvulo fertilizado hasta su senescencia, pasando por la forma adulta; y que igualmente interviene en la regulación heredable de la expresión génica sin cambio en la secuencia de nucleótidos. Se puede decir que la epigenética es el conjunto de reacciones químicas y demás procesos que modifican la actividad del ADN pero sin alterar su secuencia, dicho de otro modo, su naturaleza.
http://es.wikipedia.org/wiki/Epigen%C3%A9tica#Herencia_epigen.C3.A9tica.
Según el Dr. Bruce Lipton en su libro La Biología de la creencia, nos dice: La Epigenética es el estudio de los organismos moleculares mediante los cuales el entorno controla la actividad genética... Las extraordinarias mentes humanas pueden elegir distintas formas de percibir el entorno, a diferencia de las células individuales, cuya percepción es más refleja

[115] CORBERA, E., *El Observador en Bioneuroemoción*, Editorial El Grano de Mostaza, España, 2014, p.114

Algo muy importante: La información se almacena, se transmite, se procesa, forma creencias... en definitiva, se programa y por lo tanto se puede reprogramar [116] o sea se desprograma para luego programarnos a la manera de Cristo (es la propuesta).

En la 4ta Estación o cuarta Puerta, la Conciencia Crística actúa en nosotros produciendo una templanza que introduce una disertación fluida entre el espíritu y la materia o ser corpuscular. Psicológicamente hablando se trata del diálogo entre el *sí-mismo* y el *ego*, también es el diálogo entre lo *humano y lo divino*. Es la presencia de la persona de Cristo que se hace Hombre para que la persona se confronte frente a Él, elevando al resto de sus hermanos hacia Dios Padre. La conciencia se va elevando, es decir se hace más presente, de nivel a nivel: pre-personal, personal, transpersonal. Recordemos aquellas palabras sabias de Juan el Bautista: *es necesario que Él (la conciencia Crística) crezca y yo (ego) disminuya* (cf. Jn3,30).

Un deseo conservador demasiado acentuado (del ego) puede detener la transformación (fijación o estancamiento) o incluso hacerla retroceder (regresión). Si, por otro lado, la conciencia se eleva con demasiada rapidez a niveles superiores, puede perder el suelo bajo los pies [117], si los niveles precedentes no han sido adecuadamente desarrollados, consolidados e integrados. De ello resultan los peligros y perturbaciones del desarrollo o trascendencia del individuo.

El campo del alma lugar de la Conciencia Crística, pontífice que une a Dios Padre/Madre con los hijos, recordando que somos hijos en el Hijo y que nadie va a Dios Padre/Madre sino por el Hijo. Hay un salto a instancia de nuestros valores, en la 4ta estación nos conseguimos

....

[116] CORBERA, E., *El Observador en Bioneuroemoción*, Editorial El Grano de Mostaza, España, 2014, p.118

[117] Se dice que esto puede acontecer con el estudio del Evangelio de San Juan sin haber estudiado, contemplado y comprendido los evangelios anteriores.

con el elemento espiritual; somos nuestra alma y tomamos mayor contacto con la Esencia Original que es la fuerza vital que anima a cada persona.

Va aconteciendo un cambio de interioridad: El Espíritu Santo quien es la plenitud de la promesa hecha por Jesús a sus discípulos, está ejerciendo la acción de llevar a los hijos en el Hijo hacia la Fuente Original. La primera manifestación de cambio que se manifiesta en la persona es el Don de la Palabra que está destinada a la doxología - renovación, poder, fuego que transforma-. El Espíritu Santo nos conduce a la Unidad en la Persona y a la Unidad con Dios Padre por el Hijo. Se suscita la trascendencia de lo físico y biológico.

IV.4. DEL PEREGRINO

A esta etapa la llamamos la instancia del Peregrino. En ella la personase encuentra en movimiento, hacia arriba o hacia adentro y hacia abajo o en la superficie, hacia atrás (el pasado) y hacia delante (el futuro). Tiene ante si todas las opciones para moverse en las infinitas posibilidades. En esta praxis al tomar conciencia de permanecer conectado con la Fuente o Ser Original, El individuo es y actúa como verdadero heredero de la Gracia, está en Conciencia Crística.

Llamamos a esta instancia, del Peregrino porque en ella se tiene la opción - de hecho es ella quien elige estar en cualquiera de las estaciones, en conciencia o no. Si la persona no se encuentra en estado de atención, existe la expectativa de estancarse en una de ellas. De continuar caminando en esta instancia seguirá peregrinando. Tenemos dos opciones: *correr el riesgo de hacernos rebotar por el ego* o dejarnos conducir y fluir por la Gracia. Si elegimos dejarnos conducir por la Gracia alcanzaremos la Conciencia Crística.

De hecho se da el caso que algunas personas creen, que por

haber cumplido o estar cumpliendo con ciertas normas y algunos rituales, ya se encuentran en el *seno de la Fuente Original* y no necesitan de nadie ni de nada es cuando comúnmente se dice: *esa persona se cree que tiene a Dios agarrado por la chiva.* En realidad esas personas siguen rebotando con su *ego*, se desplazan rebotando entre diferentes grados de conciencia, sobre todo con su *ego* en el mundo de la experiencia, del lado de su pasado y sin darse cuenta se mantiene separada del Eje del Ser. En otraspalabras se encuentra rebotando en el mundo de la experiencia y no dan pie a un avance en su proceso de transformación. No se dan la oportunidad de dejarse fluir con la Gracia.

IV.5. ¿CÓMO HACER LA PRÁCTICA EN ESTE 4to PLANO?

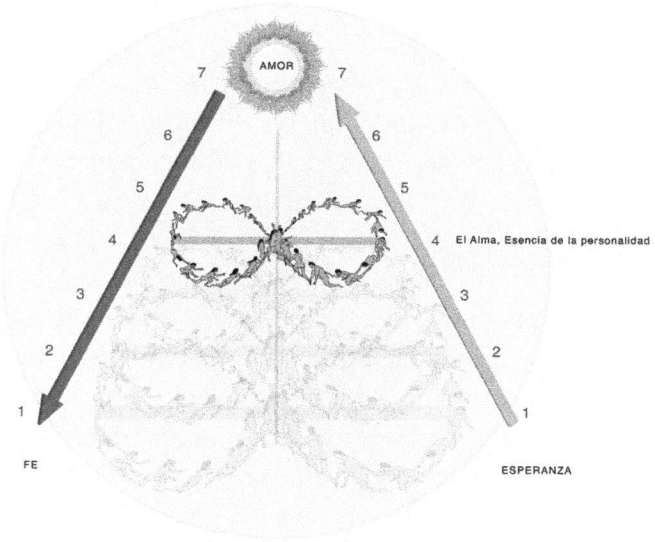

Parte II **NUEVE CAMPOS Y NUEVE PUERTAS**

Aunque se afirme que *metanoia* es el cambio de mentalidad, en realidad la conversión se da en el corazón. Si se presentase una confrontación entre las cosas del pensamiento y las del corazón, siempre ganará el corazón. Con esta metodología se puede comprobar lo anteriormente dicho. Hoy en día se discurre sobre los temas: *mente del corazón y del corazón de la mente*. Otras investigaciones dan cabida a tres inteligencias: *Inteligencia de la mente*, del *corazón* e inteligencia *visceral*; esta última se centra en el estómago, de allí que una gran cantidad de emociones se sienten precisamente en la boca del estómago. Una de las cosas adquisiciones en el estado de atención es la sincronía u armonización de estas tres inteligencias.

Para hacer la praxis en este plano, nos colocamos en la cuarta horizontal que representa este plano en el centro del Triángulo (vertical que va desde el vértice superior que viene de arriba hasta llegar al primer y último plano como lo hemos dicho con anterioridad. En confianza sabemos que nos estamos colocando en el fluir del Ser. Respiramos profunda y lentamente permitiendo y concienciando la Gracia que nos penetra y se mueva a través de nosotros, trascendiendo todo miedo y toda emoción que se derivan de éste. Si sabemos que donde hay amor no hay miedo, optamos por el Amor.

Estando en el centro de la figura del Triángulo, como ya hemos dicho en la vertical que sube o baja desde el punto central de la horizontal inferior hasta el vértice superior del Triángulo, que simboliza el Eje del Ser. Tomamos conciencia que en este 4to plano estamos en la *esencia de la personalidad* pero cuando nos colocamos en el Eje del Ser no pertenecemos *ella*. Estamos y somos en referencia al Hijo que nos comunica a Dios Padre en el Eje de la Verdad, en el fluir del Amor (*nos encontramos en el vacío, en plena quietud del Ser*). Allí hacemos 3 Respiraciones lentas y profundas (se ha demostrado que una buena práctica de la Respiración [118] nos ayuda a centrarnos) y para mayor bien repetimos igualmente 3 veces el sonido *Aaaaaaa* cuando inspiramos y *mennnnn* [119] cuando expiramos), desde allí nos desplazamos, caminando al universo de infinitas posibilidades que se encuentra en el vértice del lado derecho de la Esperanza, y allí, por decirlo de alguna manera nos dejamos colmar del Espíritu Santo, recibiendo y aceptando es decir permitiendo al Espíritu Santo que nos de su Dones (en este momento igualmente respiramos profunda y lentamente 3 veces diciendo *recibo* - cuando inspiramos - y *acepto* -cuando expiramos-, *recibo* cuando inspiramos y *acepto*-cuando expiramos-, *recibo y acepto* y regresamos al punto cero o vacío de ser en la *esencia de la personalidad* pero no pertenecer a ella.

Tomamos conciencia de ser hijos en el Hijo del Padre y estar con Él y en Él en plenitud de su Amor (y volvemos a emitir 3 veces el sonido: *Aaaaaaa*-cuando inspiramos y *mennnnn*-cuando expiramos. Luego marchamos hacia el vértice de la izquierda, en donde se encuentra la Fe que ya en esta instancia se ha ido fortaleciendo, sin embargo se debilita cuando de aleja de la Fuente Original [120] (en este momento también respiramos 3 veces cuando inspiro digo *dejoooo* y cuando expiro digo *irrrrrr*) para *dejar ir* el pasado que lo estamos considerando estiércol con tal de ganar a Cristo como San Pablo (cf. Fl 3,7-8), esto nos hace mantener en espíritu de oración y seguimos tomando conciencia de *dejar ir* todo nuestro pasado de creencias limitantes y con valentía colocamos las manos en posición de dar o

....

[118] De hecho, existen diferentes escuelas especializadas a aprender diferentes formas de respirar, e incluso hay extensa literatura sobre lo mismo.

[119] Esta palabra puede ser reemplazada por alguna otra que le haga al lector mayor resonancia con la Fuente Creadora; en meditación cristiana utilizamos Ma ra na tha por ejemplo.

[120] Es conveniente recordar que en esta puerta se puede entrar y salir (cf. Jn10,9) por lo mismo le llamamos también la estancia del Peregrino.

de *dejar ir*. La Fe se robustece creciendo y elevándose hacia el Amor, *dejando ir* nuestro pasado para regresar y vivir en el presente, es decir en la Vertical que me conecta con el Amor y allí vuelvo a inspirar- *Aaaaaaa* y *mennnnn* cuando expiro.

Este ejercicio se repite hasta 3 veces, y nos quedamos allí recibiendo en paz y amor, haciendo conexión con la Verdad y nos dejamos Amar por el lapso que queramos de acuerdo al tiempo pre-establecido. Se recomienda hacer la oración contemplativa por lo menos una vez al día y 3 veces cada vez que se ejercite, siguiendo la línea trinitaria. Estando bajo el amparo de la Gracia, escuchemos el mensaje que quiere darnos el silencio, seguimos inhalando y exhalando lenta y profundamente.

Parte II
NUEVE CAMPOS Y NUEVE PUERTAS

Capítulo V
QUINTO CAMPO Y PUERTA DE ENTRADA A LO DIFERENTE

V.1. En separación o divergencia es la Puerta de la perspectiva errónea
V.2. En Convergencia es ser en si más allá de si..
V.3. ¿Cómo hacer la práctica en este 5to plano?

Ya no soy yo quien vive es Cristo quien vive en mi
(Gl 2,20)

Bendito sea Dios, *Padre de nuestro Señor Jesucristo,*
que nos ha bendecido en la persona de Cristo con toda clase de
bienes espirituales y celestiales.
Él nos eligió en la persona de Cristo, antes de crear elmundo,
para que fuésemos santos e irreprochables ante él por el amor.
Él nos ha destinado en la persona de Cristo, por pura
iniciativa suya, a ser sus hijos, para que la gloria de su gracia,
que tan generosamente nos ha concedido en su querido Hijo,
redunde en alabanza suya.
Por este Hijo, por su sangre, hemos recibido la redención,
el perdón de los pecados.
El tesoro de su gracia, sabiduría y prudencia,
ha sido un derroche para con nosotros,
dándonos a conocer el misterio de su voluntad.
Éste es el plan que había proyectado realizar por Cristo
cuando llegase el momento culminante: recapitular en Cristo
todas las cosas del cielo y de la tierra.
(Ef 1, 3-10)

Parte II

Capítulo V

QUINTA PUERTA
PUERTA DE ENTRADA A LO DIFERENTE

A. Comienzo y continuación de la distorsión en la percepción y de allí la divergencia con nosotros mismos y con el resto de la humanidad.

B. Camino de convergencia: cuando nos acercamos a la Fuente hacemos convergencia hacia nosotros mismos y con el resto de la humanidad.

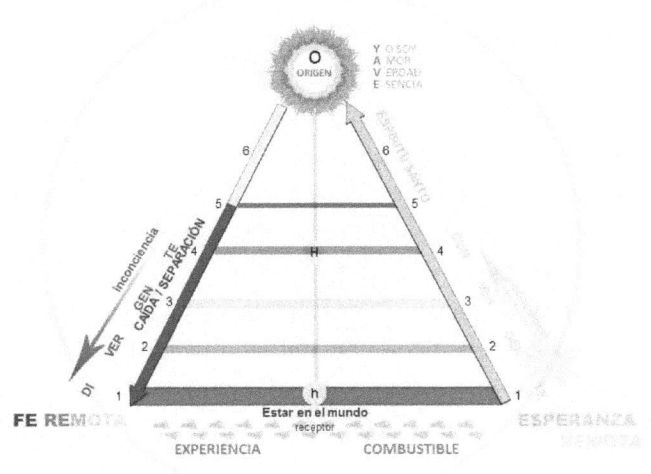

Explicar con palabras estos últimos planos se me hace difícil, pues nos encontramos en un campo muy personal de la experiencia del ser en el SER, que va más allá de las palabras, sin embargo con la *moción* del Espíritu Santo seguramente encontraré cómo hacerme entender, lo primero que viene a mí, son símbolos y metáforas que debo interpretar, de igual manera, amigo lector, a ti se te presentarán símbolos y metáforas que debes interpretar. Es verdad, como lo diría nuestra amada Teresa de Jesús en sus Sextas Moradas *a mayor merced el trabajo es más grande*. Me atrevo a decir que este gran esfuerzo radica en no hacer nada de nuestra parte, es dejarnos ser por el OTRO.

Al llegar a esta puerta que se ha ido estrechando, pero aún no es la más angosta, observamos como la Gracia nos ha dado la gracia de dejarnos fluir hacia Ella, a estas alturas el esfuerzo de nuestra parte es no esforzarnos sino dejarnos ser, lo que nos lleva a la montaña es la no resistencia (wu wei) [121] y el dejarnos fluir. Se siente como una gran batalla, quizás es el momento del que habla San Pablo en Efesios [122]. Sin embargo esto puede darse a lo largo del camino, quizás se sienta más fuerte esta batalla en estas últimas puertas pues podríamos decir que las *esfi ges* están más alertas. Y en el camino la Fe se ha ido plegado a la Esperanza y nos ha llevado a las profundidades del AMOR y esto experimentado en un cuerpo humano se debate entre el temor y el Amor, triunfando siempre el AMOR.

Recordemos que esta apertura o despliegue del Amor entre la Fe y la Esperanza se ha dado desde el momento que la primigenia pareja decide separarse de su Creador. La vertiente que separa al ser del Ser es la que hemos denominado fe débil (desconfianza) y se encuentra representada por la línea divergente del lado izquierdo del Triángulo, dado que desde el mismo instante que se separa de su Fuente Original la Fe se debilita y la humanidad representada por esta primigenia

....

[121] Arte de hacer desde la no acción.

[122] *Por lo demás, hermanos míos, fortaleceos en el Señor, y en el poder de su fuerza. Vestíos de toda la armadura de Dios, para que podáis estar firmes contra las asechanzas del diablo. Porque no tenemos lucha contra sangre y carne, sino contra principados, contra potestades, contra los gobernadores de las tinieblas de este siglo, contra huestes* (fuerzas espirituales de maldad en las regiones celestes) (Ef 6,10-12)

pareja cae en los abismos de la lejanía, no obstante, en ese mismo momento El Creador nos ofrece a su Hijo, que por la fuerza de su Santo Espíritu nos eleva, camino de regreso al Padre, representado por la línea de la derecha o convergente que se manifiesta en la Esperanza.

De esto se desprende que en la quinta puerta observemos:

V.1. EN SEPARACIÓN O DIVERGENCIA ES LA PUERTA DE LA PERSPECTIVA ERRÓNEA

Recordemos que nos encontrábamos gozando de la plenitud y quisimos experimentar lo diferente y en este momento nos separamos y entramos en divergencia o *campo de las distorsiones* (en descenso, caída, pues nos hemos separado de la casa Paterna) Dis-torsión- des-enfoque – Interferencia – No me detendré en esto pues la idea de la meditación contemplativa en acción es ascender no bajar. Tomando en cuenta que antes se ha bajado, es decir nos hemos separado de la Esencia Original, en cristiano decimos nos hemos alejado de la casa del Padre y del Amor de la Madre.

También puede decirse que es la percepción con que hemos vivido durante nuestra vida, el no haber tenido la conciencia de ser hijos en el Hijo, de allí la percepción de estar separados de la casa Paterna.

V.2. EN CONVERGENCIA ES SER EN SI MÁS ALLÁ DE SI..

En ascenso refiriéndonos a la acción del Espíritu Santo e interiorizando desde nuestro movimiento a entrar en nuestra esencia como hijos en el Hijo, bien lo dice Thomas Merton en su libro: *El Hombre Nuevo:*

> *Él es la Cabeza y la Vida de toda la especie humana y, como tal, es el principio del que fluye hacia nuestras almas toda la fortaleza y la luz que nos reintegra a la divina semejanza y nos hace hijos de Dios, capaces de conocer y amar a Dios a la luz de la contemplación y de glorificarlo mediante la caridad perfecta hacia otros hombres. Jesús no nos enseña sólo la vida cristiana, la crea en nuestras almas con la acción su Espíritu. Nuestra vida en Él no es un asunto de simple buena voluntad ética. No se trata de una mera perfección moral. Es una realidad absolutamente nueva, una trasformación interna.* [123]

En esta estación nos encontramos con aquellas frases tan conocidas como: Fe en el Reino, Amar desde dentro, Fe Consolidada, Purificación del deseo producto de hacer torsión-*metanoia* que nos lleva a la Crisis de Proyecto [124].

Es un proceso de liberación interior, no huida. Vamos aplicando y comprobando:

Libertad liberada, camino de transformación, liberación de la ley por medio de la justificación de la Fe. Libertad liberada de la necesidad de auto poseerse. Amor liberado del narcisismo de la autonomía.

Cuando hemos estado realizando los ejercicios en cada estación con precisión y perseverancia llegamos a esta 5ta estación en estado de discernimiento que fluye constantemente: Toma de conciencia, vivir en estado de conciencia en atención a la Presencia (encuentro recíproco).

....

[123] MERTON Thomas, *El Hombre Nuevo,* 127, Colección Biblioteca Thomas Merton, Argentina,1998

[124] Es importante hacer conocer al lector que, en este proceso y sobretodo en el trascurso de estas últimas puertas puede darse momentos dolorosos, consideremos que estamos en purificación y desprendimiento, instancias no muy comunes, es como el dolor de parto, pero inmediatamente entramos en estado de gozo.

Donde hay Amor y Esperanza no hay cabida para el miedo, observamos en nosotros un estado de confianza mayor, dándonos cuenta que proviene de un poder interior Vivir en obediencia a Dios. La fuente Divina se halla en nosotros, sin embargo no somos poseedores de ella, fluye en la persona que se ha abandonado confiadamente y en ese momento puede darse cuenta que todo el proceso ha sido Gracia y que su voluntad se ha hecho una con la Voluntad Divina:

-Vivimos la Palabra y los Sacramentos como Camino de transformación;

-Se vive el cada día, haciendo extraordinario lo ordinario y viceversa;

- Camino a hacer síntesis de contrarios en nivel horizontal inmediato (6to plano) en la vertical Unificación Teologal.

Y desde esta puerta permanecen la Fe, la Esperanza y el Amor, los tres; pero el mayor de ellos es el Amor.

Muchos son los llamados y pocos los escogidos.

V.3. ¿CÓMO HACER LA PRÁCTICA EN ESTE 5to PLANO?

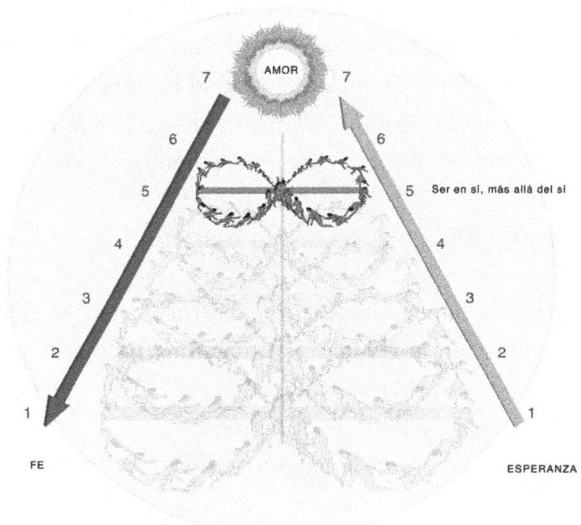

Nos colocamos en el centro de la V horizontal de la percepción errónea, en el Punto cero del fluir del Ser; atentos al Espíritu Santo que continúa impulsándonos a estar conscientes. En este momento podemos ver nuestras sombras y no nos opaca, podemos ver nuestra luz y no nos enceguece, observamos el error pero sin error, no hay juicio, pueden aparecer pensamientos, emociones, pero al mismo tiempo se evaporan, no le damos ningún valor, es la serenidad que nos da la Esencia, es el equilibrio totalmente necesario para pasar a la siguiente puerta que cada vez es más estrecha.

En este plano, al colocarnos en el centro del Eje del Ser y dejarnos fluir por la acción del Espíritu vamos haciendo la torsión necesaria, figurada en forma del signo del infinito o un ocho acostado (∞). Nos trasladamos desde el punto cero al extremo derecho de la

Parte II **NUEVE CAMPOS Y NUEVE PUERTAS**

coordenada horizontal de la V Puerta o punto de la Esperanza, luego regresamos al centro o punto cero del Eje del Ser, desde allí avanzamos hasta el extremo izquierdo o campo de la Fe. Hacemos este recorrido en forma centrada y con devoción. Continuamos en este movimiento hasta 3 veces, siempre inspirando y expirando, dejándonos mover por el Espíritu, además de movernos de un lado a otro de forma fluida sin detenernos, hasta 3 veces.

Mas siento y no siento, pienso y no pienso, soy y no soy, estoy y no estoy.

Después de hacer la praxis de la oración en este campo se recomienda a la persona orante, quedarse sentada o acostada por un buen rato. Progresivamente tomamos conciencia de cómo nos vamos labrando el nuevo ser. Es como si observáramos la arcilla de la que fuimos hechos; ésta se había vuelto seca y estéril y al dejarnos humedecer por la Gracia se va tornando cada vez mas lubricada y fácil de ser penetrada por la misma Gracia; y nosotros simultáneamente nos introducimos en Ella.

Algunos se preguntaran porqué sólo describes el escalón V en ambas direcciones (en caída o en cuesta arriba) y no el resto de los campos: La respuesta es: justo en este escalón, es donde se produce, por decirlo de alguna manera, la primera distorsión y al mismo tiempo es aquí en donde al encontrarnos en convergencia se manifiesta con mayor claridad la conciencia crística, es donde en estado de atención nos reconocemos seres humanos-divinos. Se podría decir que es el escalón de la *prueba* es el tomar conciencia en qué lugar nos encontramos:

¿Estoy alejándome de la Fuente? O ¿acaso me estoy acercando? ¿Qué me hace saber que estoy divergencia? ¿Qué me hace saber que estoy en convergencia?

El resto de los campos se presentan siempre en ascenso, hemos dicho que este ascenso es profundizar en nosotros, ir hacia las profundidades de nuestro ser, es ir hacia la Esencia. Este es el camino a realizar.

Parte II
NUEVE CAMPOS Y NUEVE PUERTAS

Capítulo VI

SEXTO CAMPO Y SEXTA PUERTA

VI.1. Integración Teologal
VI.2. ¿Cómo hacer la práctica en este 6to plano?

Todo el que es hijo de Dios vence al mundo; y ésta es la victoria que venció al mundo: nuestra fe (consolidada). ¿Quién vence al mundo sino el que cree (está convencido) que Jesús es el Hijo de Dios? Es el que vino con agua y sangre, Jesucristo: no sólo con agua, sino con agua y sangre. Y el Espíritu, que es la verdad, da testimonio, porque el Espíritu es la verdad.

(1Jn 5,4-6)

Parte II

Capítulo VI

SEXTO CAMPO Y SEXTA PUERTA

VI.1. INTEGRACIÓN TEOLOGAL

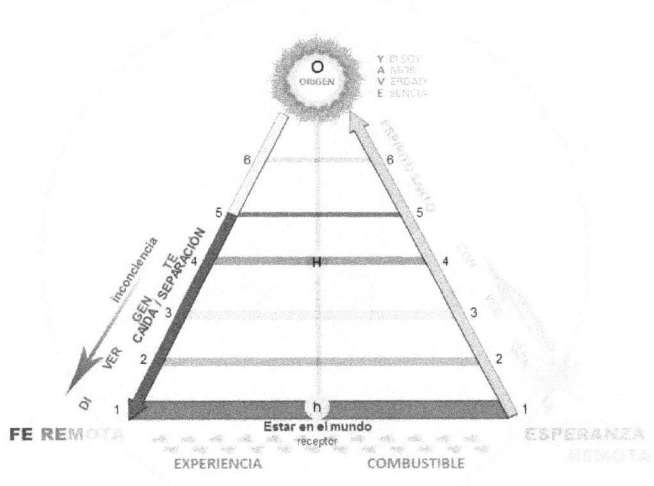

¡Procuren entrar por la puerta estrecha!
(Lc13,24; Mt7,13) [125]

....

[125] La puerta estrecha. Hay que esforzarse por «entrar por la puerta estrecha» (Lc13,22-30), lo cual quiere decir que hay mucho que aportar desde nuestras capacidades y posibilidades para nuestra propia sanación, entendida como una dimensión nueva de la vida que hay que comenzar a construir aquí. En la perspectiva de Jesús, algunos están dentro como participando de un banquete y otros quieren entrar, pero no pueden porque resultan tan extraños para el amo que no se les puede abrir la puerta. Muchos cristianos creyendo que sólo por asistir a misa, se han creado una falsa seguridad pensando que por derecho propio deben ser los primeros en entrar al banquete. Cfr. Nota 49 del Ev. De Lc En la Biblia del Peregrino por Alonso SCHÖKEL.

Puerta en donde se encuentran los ángeles [126] custodiando la entrada, por aquí sólo se entra sin equipaje o muy ligero de éste. [127]

Ángeles que fungen de Esfinge: hemos llegado fuertes *ante lo que antes logró debilitarnos, desviarnos y alejarnos del flujo de la Gracia.* Se dice que la Esfinge [128] (símbolo del enigma) custodia la entrada (ya la primigenia pareja ha conseguido el conocimiento del bien y el mal, se han hecho adultos, es necesario que salgan de la casa del Madre/Padre Dios pero no que se alejen de ella es como quien se casa y se va de su casa paterna, sin embargo siguen en contacto con sus padres. Entendemos que esta primigenia pareja entendió mal el mensaje y se alejaron queriendo hacer de ese conocimiento su mismo dios y de hecho no necesitar a su Fuente Original.

Al llegar a esta estación está presente el peligro de la habituidad y comodidad como parte de la mecánica del individuo anclado a las experiencias que le dan soporte a la vida desde los antiguos paradigmas y de suyo quedarse rebotando con la experiencia;

....

126 *Después de haber sacado al hombre, puso al oriente del jardín unos seres alados-querubines, seres representados en forma de esfinge- y una espada a diendo que se revolvía hacia todas partes, para evitar que nadie llegara al árbol de la vida/*[24] Echó al hombre, y a oriente del jardín del Edén colocó a querubines y una espada de fuego zigzagueante para cerrar el camino del árbol de la vida. (Gn3.24).

127 G. Vallés. Carlos, Toni de Melo Ligero de equipaje.

128 Recordamos el interesante el diálogo que se presenta entre la Esfinge y Edipo rey: —Edipo, Rey de Tebas —dijo una vez más—, resuelve si puedes, desgraciado mortal, el enigma de la Esfinge sagrada: ¿quién soy yo? —¡Tú! —dijo Edipo sin hacerse esperar, la bella Esfinge que devora a quien no desentraña los sagrados enigmas, y castiga con un destino de dolor a quien sí los desentraña creyendo que obtendrá una dicha inacabable; ¿quién puede resistirse a tu belleza? ¿quién puede escapar a tu celo feroz? Habitas en las cavernas del sueño y en las vastas praderas de la vigilia, acechando al hombre en cada pensamiento y en cada efusión de su voluntad; ruges, y nuestra sangre se alza, duermes, y nuestro cuerpo se impregna de un dulce sopor; te desperezas, y un niño sale del vientre de la madre a este mundo de peligros; das un zarpazo al aire, y un joven de un extremo del orbe, sano como un buey, se desploma inerte hasta el fondo de la tierra; tú, Esfinge, a quien tanto he amado, y a quien he maldecido en la hora del horror... ¡Tú eres la Vida misma! Sófocles. Edipo Rey *La esfinge sólo tenía t es preguntas.*

es sumamente necesario mantenerse en estado de atención y recordar que la Fuente permanece en un constante fluir, y para persistir en ella debemos permanecer fluyendo, siempre hay dos caminos o nos dejamos convertir en ella misma o nos dejamos arrastrar por ella, como el río arrastra las piedras.

Cuando hemos logrado fluir con la Fuente, los *querubines* se desplazan dando la bienvenida al *hijo pródigo* de regreso a casa nos han quitado las viejas vestiduras y apegos, nos han revestido de un *ser nuevo*, nos sentimos con una ilimitada espaciosidad, es la Gracia de ver lo que antes no se veía, nos sentimos y vemos que de la puerta angosta pasamos a un grande y maravilloso espacio, todo se expande se vuelve más claro e incluso brillante, la vida está impregnada de maravilloso frescor todas las limitaciones se disuelven, hemos llegado a lo más alto de la montaña más alta. Entramos a fluir en el gran río de la sabiduría y la verdad, somos libres. Estamos en el todo y en la nada, ya no hay nada que buscar. Sin embargo seguimos en el mundo sin ser de él, ahora hay otro tipo de dificultad.

Se ha llegado a la Unificación Teologal, se confirma que la Fe se ha hecho una con la Esperanza y sólo se percibe el AMOR (cf.1Cor13,13). *Dentro de poco ya no me verán, y poco después me volverán a ver* (Jn16,16).

VI.2. ¿CÓMO HACER LA PRÁCTICA EN ESTE 6to PLANO?

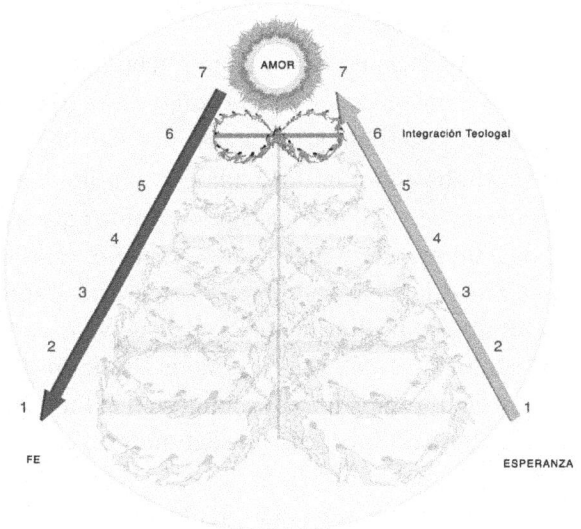

En este momento nos encontramos en la Puerta estrecha, el movimiento es casi imperceptible. Nos colocamos en el centro o Punto cero del Eje del Ser de la coordenada horizontal correspondiente al estado de ser en la Integración Teologal, es el campo en donde el Espíritu Santo, como Amor del Padre y del Hijo es Uno, nos mueve hacia esta Unidad [129].

En este plano al colocarnos en el centro del Eje del Ser y dejarnos fluir por la acción del Espíritu Santo; hacemos la torsión

---

[129] Es seguir tomando conciencia que somos santuarios de Dios, de su Santo Espíritu que habita en nosotros (cfr. 1Cor3,16-17), podríamos decir que como cada vez estamos con mayor frecuencia en el *sacramento del momento presente* como lo llamó Jean-Pierre de Caussade jesuita del siglo XVII en su libro *Abandono en la Divina Providencia*. Podemos decir que al llegar a esta puerta es porque se ha estado buscando la Voluntad de Dios momento a momento.

necesaria en forma del signo del infinito o un ocho acostado (∞). Nos trasladamos desde el punto cero al extremo derecho de la coordenada de la Puerta 6 o campo del la Fuente, luego regresamos al centro o punto cero del Eje del Ser, desde allí avanzamos hasta el extremo izquierdo o campo de la Esperanza. En esta estación se ha suscitado un cambio total: La esperanza que hemos dicho que esta movida por el Espíritu, es Él mismo. Todo esto lo realizamos en forma centrada y devota. Hacemos este movimiento 3 veces, siempre inspirando y expirando, dejándonos mover por el Espíritu, o sea nos movemos de un lado a otro de forma fluida sin detenernos, hasta 3 veces.

Mas siento y no siento, pienso y no pienso, soy y no soy, estoy y no estoy. En realidad ya el ejercicio como tal se hace para continuar una sistematización en el método, ya todo nuestro deseo es permanecer en el flujo del amor, como humanos siempre tendremos nuestras manos abiertas a recibir e inclinadas a seguir dando o a seguir dejando ir cosas de nuestro *yo-personalidad*, por esto mismo se hace necesario continuar en el caminar.

De igual manera que la puerta anterior, se advierte a la persona orante, que después de hacer la praxis de la oración en esta puerta, debe quedarse sentada o acostada por un buen rato.

Parte II
NUEVE CAMPOS Y NUEVE PUERTAS

Capítulo VII

CONFLUENCIA DE LA FUENTE CON SU AFLUENTE

VII.1. Abrazo de la Fuente con su afluente
VII.2. Praxis de la Oración Contemplativa en esta Puerta

Ustedes son los que han permanecido
conmigo en las pruebas
por eso les encomiendo el reino
como mi Padre me lo encomendó:
para que coman y beban, a mi mesa, en mi reino,
y se sienten en doce tronos para juzgar
a las doce tribus de Israel
(Lc 22,28-30)

Parte II

Capítulo VII

CONFLUENCIA DE LA FUENTE CON SU AFLUENTE

VII.1. ABRAZO DE LA FUENTE CON SU AFLUENTE

Él me dará gloria porque recibirá de lo mío
y se lo explicará a ustedes
Todo lo que tiene el Padre es mío, por eso les dije que
recibirá de lo mío y se lo explicará a ustedes
(Jn16, 14-15)

Hemos visto en los primeros capítulos como el ser humano en sus umbrales se sintió tentado a separarse de *la Unidad* e incurre en ella, no obstante también hemos visto como el fenómeno Crístico nos atrae nuevamente hacia *esta Unidad, pues, la llevamos en lo más intimo de lo mas intimo de nuestro ser,* logrando en el proceso la coherencia entre razón y corazón en estado de autoconciencia tenemos la posibilidad de volver a la casa del Padre. Es así como nos hemos dejado atraer. Llegamos con todo nuestro ser a donarnos y dejarnos encontrar en plenitud con la Fuente permitiéndonos ser uno con ella. Se nos ha ido purificando y transformando en seres tan transparentes y fluídicos como el agua, de allí que el afluente regresa por ley a su Fuente.

Si hacemos plena conexión con la figura del triangulo [130], que de hecho ha simbolizado la divinidad, sentiremos como estamos insertos en ella. Igualmente también podemos observar cómo nos encontramos dentro de ella en cuanto a si estamos más cerca y/o más lejos del *Yo superior* o del yo inferior o fuera de ella si nos identificamos con la personalidad, en este caso será el campo más alejado; el hombre hecho a imagen de Dios se ha hecho desemejante a Él. Al recorrer conscientemente el camino de regreso al Padre vamos haciendo que nuestra conciencia renuncie gradualmente a su *yo personal*. En este proceso se va dejando encontrar con el verdadero *Yo, hasta reconocerse en su Creador. La afluente se deja recibir por la Fuente Original.*

Especialmente por Gracia se llega a *la Unidad*, se ha logrado subir contra corriente, se ha hecho frente a nuestras pasiones desordenadas, a *la loca de la casa* (mente, frase de Teresa de Jesús) y a todo oponente... se ha alcanzado la comunión de las aguas -intercambio de fluidos (recordemos que somos de 70 a 80% de agua).

....

[130] Diagrama triangular que nos ayuda a entender prácticamente todos los conceptos emitidos en el transcurso del libro, junto a su vertical que convierte a dos Triángulos escalenos con sus 3 lados desiguales en un triangulo equilátero con sus 3 lados iguales.

En esta estación los *Ríos de agua viva* reciben nuestras aguas (nuestra obra) y se suscita *La boda celestial*.

En este plano se da lo que sabiamente nos dice también Thomas Merton:

> Esta doctrina está implícita en san Juan, que escribe:
>
> *Queridos, ahora somos hijos de Dios (imagen) y aún no se ha manifestado lo que seremos. Sabemos que, cuando se manifieste, seremos semejantes a Él (semejanza), porque lo veremos tal cual es* (1Jn 3, 2). Esto presupone una teoría del conocimiento que exige que la inteligencia se amolde a su objeto o se identifique con él mediante una noción. Sin embargo, aquí no se trata sólo de una identificación nocional sino de una unión integral del alma y de la persona con Dios. Para este fin fuimos creados a imagen de Dios [131].

SABIDURÍA DEL MÉTODO ≈ AMOR ABSOLUTO

Se podría decir que es el proceder del individuo que ha personalizado su Fe, se ha aventurado en un único Camino, recorriéndolo por sí mismo, en donde, sólo ha de ser fiel a él mismo por encima de todo (Autonomía - Autorreferencia). Hasta encontrarse fundamentado por la Gracia en donde se reconoce agradecido por el don que Dios le hace de suyo. [132]

La contemplación es el florecimiento de la paciencia en su perseverancia constante. Hay una profunda relación entre el movimiento interior de la oración contemplativa en acción y la transformación de las estructuras sociales y la conciencia social. Comienzo del nuevo Ser o principio de una nueva vida. Cada vez vemos con mayor ahínco que

---

[131] MERTHON, T., El hombre nuevo, p.52
[132] GARRIDO, J., Proceso humano y Gracia..., p.307-311

no hay nada nuevo bajo el sol. De igual forma continúan existiendo personas que por Gracia insistimos en alcanzar una nueva humanidad partiendo de un nuevo ser en Cristo cómo lo hacían los primeros cristianos, atestiguado por Pablo a los Colosenses:

> *Por tanto, si han resucitado con Cristo, busquen los bienes del cielo, ..., piensen en las cosas del cielo, no en las de la tierra. Porque ustedes están muertos y su vida está escondida con Cristo en Dios. Cuando se manifieste Cristo, que es vida de ustedes, entonces también ustedes aparecerán con él, llenos de gloria.(Col 3,1-4)*

En estos momentos cantaremos con muchos de los hermanos que nos han antecedido, mas recordemos el Cantar de San Juan de la Cruz:

> *Cantar del alma que se huelga de conocer a Dios por fe*
> *Qué bien sé yo la fonte que mane y corre, aunque es de noche.*
> *1. Aquella eterna fonte está escondida,*
> *que bien sé yo do tiene su manida,*
> *aunque es de noche.*
> *2. Su origen no lo sé, pues no le tiene,*
> *mas sé que todo origen de ella tiene,*
> *aunque es de noche.*
> *3. Sé que no puede ser cosa tan bella,*
> *y que cielos y tierra beben de ella,*
> *aunque es de noche.*
> *4. Bien sé que suelo en ella no se halla,*
> *y que ninguno puede vadealla,*
> *aunque es de noche.*
> *5. Su claridad nunca es oscurecida,*
> *y sé que toda luz de ella es venida,*
> *aunque es de noche.*
> *6. Sé ser tan caudalosos sus corrientes.*
> *que infiernos, cielos riegan y las gentes,*
> *aunque es de noche.*

*7. El corriente que nace de esta fuente
bien sé que es tan capaz y omnipotente,
aunque es de noche.
8. El corriente que de estas dos procede
sé que ninguna de ellas le precede,
aunque es de noche.
9. Aquesta eterna fonte está escondida
en este vivo pan por darnos vida,
aunque es de noche.
10. Aquí se está llamando a las criaturas,
y de esta agua se hartan, aunque a oscuras
porque es de noche.
11. Aquesta viva fuente que deseo,
en este pan de vida yo la veo, aunque es de noche*
(San Juan de la Cruz) [133].

Todo esto nos lleva por un proceso de transformación que nos va identificando con diferentes signos de la Personalización Cristiana, como el *Primado del Amor, de la Voluntad* y una *Fe consolidada*, hasta la Unificación con Cristo en su *Pascua y Resurrección*.

Todos sabemos que el sol hace de nuestro planeta una tierra cálida en algunos lugares más que en otros, y al incidir sobre las aguas del océano, estas se elevan hacia el cielo y, desde allí, una vez destiladas las impurezas, son devueltas a la tierra en forma de lluvia.

Si tomamos conciencia de ser guiados por el Espíritu Santo y estamos siendo dóciles a su inspiración, con el tiempo, somos guiados a la Gracia, estado no-dual. Aunque reconozcamos la dificultad de permanecer conscientes en este estado, sabemos que si confiamos en su Palabra, sí podremos, pues ya nos tiene y le reconocemos. Para describir esta etapa, utilizo las palabras de Jesús: Yo y el Padre somos

....
133   http://www.ciudadseva.com/textos/poesia/esp/cruzsan/cantaral.htm

uno (Jn 10,30) [134]. Esta es la conciencia unitiva, donde vivimos en conciencia, comunión de amor y de confianza con Dios y con todos los demás. Dios ya no está separado de mí. A partir de ahora, como dice Teresa de Jesús, *encontramos a Dios en nosotros mismos, ya Dios nos ha encontrado*. Esto es en gran medida una experiencia interior, un conocimiento interno. Realmente estamos en Cristo, que es tan humano como divino. Nosotros somos templo del Espíritu Santo y todos conformamos el cuerpo místico de Cristo.

Cuando aprendemos a confiar en esta habitación divina (y eso es lo que es, es Dios en ti haciendo el Dioscon nosotros a través de mi y a través de ti, cuando aprendemos y recordamos nuestro Triángulo, lo dibujamos y a partir de este lugar y momento, encontramos el Gozo a cualquier hora de cualquier día, y en cualquier instante. Podemos *permanecer en oración* tomamos conciencia que fuimos creados para permanecer en Él en la cotidianidad de la vida. El Reino de los cielos está en nosotros cada vez que estamos en unión consciente con Dios, estamos en coincidencia con Él, y en unión amorosa consciente con todo lo demás.

....
134 *...para que todos sean uno. Como tú, oh Padre, estás en mí y yo en ti, que también ellos estén en nosotros, para que el mundo crea que tú me enviaste.* (Jn 17,21)
...y todo lo mío es tuyo, y lo tuyo, mío; y he sido glorificado en ello (Jn 17,10,21).
Todas las cosas me han sido entregadas por mi Padre; y nadie conoce al Hijo, sino el Padre, ni nadie conoce al Padre, sino el Hijo, y aquel a quien el Hijo se lo quiera revelar. (Mt 11,27).
Porque tres son los que dan testimonio en el cielo: el Padre, el Verbo y el Espíritu Santo, y estos tres son uno. Y tres son los que dan testimonio en la tierra. (1 Jn 5,7-20)

VII.2. PRAXIS DE LA ORACIÓN CONTEMPLATIVA EN ESTA PUERTA

Nos colocamos en el vértice superior del Triángulo, en la 7ma puerta y nos dejamos fluir por la Gracia, podemos imaginarnos y sentirnos bajo el flujo de la Fluente, estamos siendo abrazados por ella. Experimentemos la no resistencia, experimentemos el infinito Amor que nos mueve a recibirlo y a emitirlo. Experimentemos lo enunciado por el Hijo: *Mi Padre y Yo somos Uno, y ustedes y yo somos Uno* (cf. Jn14,11) Nos quedamos aquí el tiempo estipulado previamente, pues cuando llegamos allí no queremos salir y debemos recordar que el mundo nos espera.

De igual forma que las puertas anteriores se recomienda un descanso, ya sea quedarse sentado o acostado por un rato. Esto se hace por dos razones muy válidas:

1. El cuerpo te lo pide y
2. Para dejarnos compenetrar por la experiencia
3. Estamos siendo *omnipenetrados* por la Fuente

Parte II
NUEVE CAMPOS Y NUEVE PUERTAS

Capítulo VIII
OCTAVO CAMPO Y OCTAVA PUERTA

Y Dios, que resucitó al Señor, los resucitará también a ustedes con su poder
(1Cor6,14)

Vida mística, vida en el espíritu en cuanto que es vida de comunión con Dios Padre/Madre.

El componente místico de la vida espiritual consiste en estar determinada por dejarse encontrar y recibir al Dador y Emisor de la Vida, en y por medio de Cristo, Sacerdote, Profeta y Rey Resucitado.

Parte II

Capítulo VIII
OCTAVO CAMPO Y OCTAVA PUERTA

OCTAVO DÍA. LA RESURRECCIÓN

Jesús repitió: —La paz esté con ustedes. Como el Padre me envió, así yo los envío a ustedes. Al decirles esto, sopló sobre ellos y añadió: Reciban el Espíritu Santo. Dentro de poco ya no me verán, y poco después me volverán a ver. (Jn 20,21-22)

El domingo recuerda, en la sucesión semanal del tiempo, el día 1ero de la semana y la resurrección de Cristo. Es la Pascua de la semana, en la que se celebra la victoria de Cristo sobre el abandono y la muerte, la realización en Él de la primera creación y el inicio de la *nueva creación* (cf.2 Co5,17). Es el día de la evocación adoradora y agradecida del primer día del mundo y a la vez la prefiguración, en la esperanza activa, del *último día*, cuando Cristo vendrá en su gloria (cf. Hch1,11; 1Ts 4,13-17) y *hará un mundo nuevo* (cf. Ap 21,5).

La resurrección de Jesús es el dato originario en el que se fundamenta la fe cristiana (cf. 1Co 15,14): una gozosa realidad, percibida plenamente a la luz de la fe, pero históricamente atestiguada por quienes tuvieron el privilegio de ver al Señor resucitado; acontecimiento que no sólo emerge de manera absolutamente singular en la historia de los hombres, sino que está en el centro del misterio del tiempo.

Esta presencia activa del Hijo en la obra creadora de Dios se reveló plenamente en el misterio pascual en el que Cristo, resucitando *de entre los muertos: el primero de todos* (1 Co15,20), inauguró la nueva creación e inició el proceso que Él mismo llevaría a término en el momento de su retorno glorioso, *cuando devuelve a Dios Padre su reino [...], y así Dios lo será todo para todos* (1 Co 15,24.28). Al vivir nuestra propia resurrección y plenos de gozo asumimos llevar el Cielo a la Tierra y retornamos a ella. Así será el gozo después de la resurrección: de nuevo el Señor está en nosotros en todo su esplendor y se alegra nuestro corazón con una alegría que nada ni nadie nos puede quitar.

El Santo Padre Juan Pablo II en su Carta Apostólica *Dies Domini* nos dice:

> (26). Por otra parte, el hecho de que el sábado fuera el séptimo día de la semana llevó a considerar el día del Señor a la luz de un simbolismo complementario, muy

querido por los Padres: el domingo, además de primer día, es también el « día octavo », situado, respecto a la sucesión septenaria de los días, en una posición única y trascendente, evocadora no sólo del inicio del tiempo, sino también de su final en el « siglo futuro ». San Basilio explica que el domingo significa el día verdaderamente único que seguirá al tiempo actual, el día sin término que no conocerá ni tarde ni mañana, el siglo imperecedero que no podrá envejecer; el domingo es el preanuncio incesante de la vida sin fin que reanima la esperanza de los cristianos y los alienta en su camino.(26) En la perspectiva del último día, que realiza plenamente el simbolismo anticipador del sábado, san Agustín concluye las Confesiones hablando del eschaton como «paz del descanso, paz del sábado, paz sin ocas o».(27) La celebración del domingo, día « primero » y a la vez « octavo », proyecta al cristiano hacia la meta de la vida eterna.(28) [135]

El octavo día, (el 8 acostado- ∞- figura de la eternidad), lo podemos ver como la concreción de resultados: El amor de Dios no ha de ser fabricado en nuestra imaginación, sino probado por obras. Dios no ha de forzar nuestra voluntad; toma lo que le damos; *mas no se da a sí del todo hasta que nos demos del todo.* (Sta. Teresa de Jesús)

Continúa esta santa diciéndonos:

Sin este fuerte cimiento (de la oración) *todo edificio va falso.* (Camino de perfección, 4, 5)

No son menester fuerzas corporales para ella, sino sólo amar y costumbre; que el Señor da siempre oportunidad si queremos. (Vida, 7, 4)

No es otra cosa oración mental, a mi parecer, sino tratar de amistad, estando muchas veces tratando a solas con quien sabemos nos ama. (Vida, 8, 2)

....
[135] Carta Apostólica *Dies Domini* Del Santo Padre Juan Pablo II Al Episcopado, Al Clero y a Los Fieles Sobre La Santificación del Doming

En cuanto al hecho de la meditación cristiana escuchamos de Congregación para la Doctrina de la Fe:

> 5. Gracias a las palabras, hechos, la pasión y resurrección de Jesucristo, en el "Nuevo Testamento", la fe reconoce en él la definitiva auto-revelación de Dios, el Verbo encarnado que revela la profundidad más íntima de su amor. Es el Espíritu Santo, que fue enviado a los corazones de los fieles, el que *todo lo sondea, hasta las profundidades de Dios* (1 Cor 2,10), que permite entrar en las profundidades divinas. De acuerdo a la promesa que Jesús hizo a sus discípulos, el Espíritu le explicará todo lo que aún no había sido capaz de decírselo. Sin embargo, este Espíritu "no hablará por su propia autoridad", pero "él me glorificará, porque recibirá de lo mío y os lo anunciará a vosotros» (Jn 16,13 s.). Lo que Jesús llama "su" es, como él explica de inmediato, también Dios el Padre, porque "todo lo que el Padre es mío; por eso dije que tomará de lo mío y os lo anunciará a vosotros» (Jn 16,15). [136]

Cuando hemos llegado al plano VIII nos encontramos como las albercas, que riegan a los demás con lo que rebosa, entonces decidimos por Gracia, es el momento en que aceptamos que el cielo quiere descender a la tierra, dejándonos bañar con la abundancia de amor para nosotros y para el resto de la humanidad.

El Retorno al Padre va acercando la Fe a la Esperanza, plegándose la una en la otra, hasta hacerse una en el AMOR me va anticipando el futuro, me informa el propósito del pasado, en este momento podemos decir que solo reina el AMOR.

El Ser Original es el Dador y en el plano 1 se encuentra el receptor, identificado con la personalidad, observador del máximo pasado, siendo este la expresión más lenta de la Esencia Original o

---

[136] Carta a los Obispos De La Iglesia Católica Sobre Algunos Aspectos De La Meditación Cristiana. Congregación para la Doctrina de la Fe

Emisor Original. La existencia original, pone de manifiesto lo que era inmanifiesto.

Las preguntas de la esencia de la personalidad son interrogantes existenciales en función de la voluntad que impulsó el programa, vamos alcanzando el camino a la desprogramación. Es necesario dar el gran paso a que sea el aspecto divino de nuestro ser, Dios en nosotros, que es la fuerza que nos inspira. A partir de aquí vamos a tener preguntas respecto al diseño de la existencia, nos estamos moviendo en el plano de la verdad, que nos ha empujado hacia el Retorno al Padre. Nos mantiene en equilibrio coherentemente. Es una manera de manifestar la Verdad que está dentro de un instante.

Parte II
NUEVE CAMPOS Y NUEVE PUERTAS

Capítulo IX

NOVENO ESLABÓN. LA NUEVA SIMIENTE

IX.1. La Nueva Simiente
IX.2. Síntesis de la praxis del Método

"A nosotros nos lo ha revelado Dios por medio del Espíritu; porque el Espíritu lo escudriña todo, incluso las profundidades de Dios.
¿Quién puede conocer lo más íntimo del hombre sino el espíritu humano dentro de él? Del mismo modo nadie conoce lo propio de Dios si no es el Espíritu de Dios. Ahora bien, nosotros hemos recibido no el espíritu del mundo, sino el Espíritu de Dios, que nos hace comprender los dones que Dios nos ha dado.
Exponemos esto no con palabras enseñadas por la sabiduría humana, sino enseñadas por el Espíritu, explicando las cosas espirituales en términos espirituales. El hombre puramente natural no acepta lo que procede del Espíritu de Dios, porque le parece una locura; y tampoco puede entenderlo, porque para eso se necesita un criterio espiritual. En cambio el hombre espiritual puede juzgarlo todo y a él nadie lo puede juzgar. Porque, ¿quién conoce la mente del Señor para darle lecciones? Pero nosotros poseemos el pensamiento de Cristo". (1Cor 2,10-16)

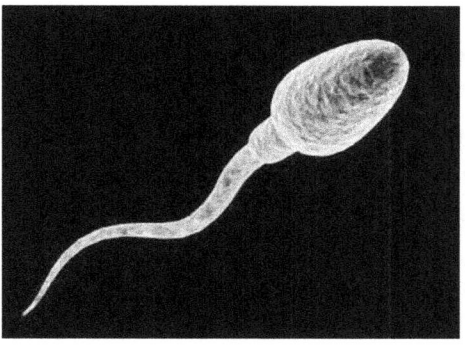

IX.1. LA NUEVA SIMIENTE

*Como el Padre que me ha enviado, posee la vida y yo vivo por Él, así también el que me come vivirá por mí, el que se alimenta de mí, vivirá por mí. Este es el pan que ha bajado del ciel*o (Jn 6, 50.51)

Hemos Resucitado con Cristo, ahora con la anuencia del Ser Original decidimos regresar, a compartir con el resto de los hermanos. Y estando de regreso nos topamos con el eslabón 6. Al ver este 6 desde arriba se observa el número 9 al que llamaremos el 9no eslabón, este enlaza e inicia otro nivel de conciencia el cual culmina de regreso al plano 1 en punto cero formando el eslabón 10 para comenzar un nuevo ciclo. En esta travesía el individuo se ha vencido a sí mismo (a su yo personalidad), ya no hay resistencia [137] y cae a la tierra como una simiente, ha trascendido las barreras que lo limitaban, ha hecho la torsión necesaria (*Metanoía*) en cada uno de los pasos de los círculos viciosos (se han roto las cadenas que lo mantenía preso en su propia prisión). Al mismo tiempo ejerce la misión de rescate y toma conciencia de su autorreferencia.

A lo largo de la trayectoria se toma conciencia que existe un eslabón invisible, al que llamaremos el Eslabón Maestro por hacernos permanecer actuantes entre cada una de las puertas. Sobremanera el permanecer en la Presencia. Éste nos señala el adelanto o involución de acuerdo a si hemos estado fluyendo en la Gracia o no. Nos señala nuestros estados de estancamiento o cuando nos hemos quedado anclados en la experiencia y en el que hacer tradicional inconsciente.

IX.2. SÍNTESIS DE LA PRAXIS DEL MÉTODO

1. Al colocarnos en el 1er plano, nos estamos situando a nivel de nuestra personalidad, identidad que se ha separado de la Fuente y en este momento reconocemos nuestra pequeñez o lejanía de la Verdad, asumimos la importancia de apostarnos ante la Fuente a quien todo le debemos, sobremanera para estar en Ella que es Absoluto Amor.

   Al situarnos en el punto cero del fluir del Ser, lo hacemos *sin ninguna fuerza ni ruido* como lo diría Sta. Teresa de Jesús (Moradas 4,37). Nos encontramos ante la Divina Misericordia y *somos atraídos hacia la casa paterna* por la emergencia Crística como lo dijo Teilhard de Chardin.

---

[137] Es sumamente importante concienciar, que no se trata de un voluntarismo, es el haber hecho de nuestra voluntad una con la del Dios Padre/ Madre, siguiendo al Hijo, o sea que nos hemos dejado conducir por la Gracia, actuando en perseverancia y en estado de atención.

2. Nos sabemos y reconocernos hijos en el Hijo.

3. Creados a su Imagen y Semejanza.

4. Reconocernos en la Gracia de ser uno con Ella: Cuando nos situamos ante la Presencia, en el Eje del Ser nos encontramos en el Logos: *El Padre y Yo somos Uno y ustedes Uno conmigo* (cf. p 205)

5. Todo esto significa que dejamos de ser para que el Ser sea en nosotros, nos encontramos en el punto cero: No programas, no pensamientos, no emociones, no personalidad.

6. Nos vamos encontrando cada vez más y en mayor fluidez en la Gracia y podemos decir: *¿Qué deseas de mí, qué puedo hacer por ti?*

7. En cada plano vamos dejando la basura que no nos deja ver la Luz o lo que es igual a reconocer que en el estiércol del pasado (entiéndase por ello a los fardos que no nos deja avanzar, que nos avergüenza que no nos permite actuar con transparencia, etc., etc.) tenemos dos opciones o continuamos revolcándonos en el estiércol o lo asumimos como combustible para proseguir en la belleza de la vida que se nos ha dado.

8. Si estoy viviendo en conciencia cada momento habrá cambios en la vida (tan imperceptibles como los cambios biológicos que tenemos continuamente y no los notamos sino con el tiempo).

9. Estaremos fluyendo contantemente en la Gracia, es decir, viviremos en constante movimiento, pues nos encontramos fluyendo con la Eterna Novedad. Para esto es necesario estar claro con lo que soy (¿Quién soy?) Ésta ha sido la pregunta

realizado por todos aquellos pensadores...

Existen hoy en día varias herramientas que nos proporcionan cercanamente la respuesta adecuada que buscamos; una de ellas es el Eneagrama y otra es la Meditación. Nombro éstas por haberme dedicado a ellas durante largo tiempo, sin embargo manejo otras cuantas más.

10. Realizando esta praxis diaria, no tienes que ir a ningún Gurú u otra clase de maestro. El maestro está dentro de ti y aquí te enseñamos a cómo liberarlo de la prisión a la cual lo has sometido a lo largo de la vida en esta sociedad y dentro de muchas culturas. De tal manera no tienes que ir a otras partes del mundo buscando a aquel que está tan cerca de ti, tan íntimamente unido a ti (experiencia vivida por grandes místicos y dicha por el famoso Santo Agustín de Hipona).

11. A medida que pongo atención al presente en la Presencia me voy conociendo y me voy dando la oportunidad de dejarme fluir en ella, de tal forma que ya no hay resistencia, se han perdido los miedos pues estoy en el Amor --- ESTOY EN EL PRESENTE --- ESTOY EN EL AMOR.

12. Entramos en un proceso de transformación en donde nos vamos encontrando y empezamos a ser nosotros mismos. Nos empoderamos -hacemos realidad las cosas del Espíritu-. Somos transparentes, ante nosotros mismos y ante el mundo.

Este libro que tienes en tus manos recoge, en forma sencilla, toda esta información.

Parte III
VIVO SIN VIVIR EN MÍ

CAPÍTULO I   Efectos

CAPÍTULO II   Vivo Sin Vivir en Mi Personalidad (Ego)

CAPÍTULO III   Vinos Nuevos en Odres Nuevas

Parte III
VIVO SIN VIVIR EN MÍ

Capítulo I
EFECTOS

Para la comprensión de los efectos de metodología, podemos imaginarnos o simplemente hacer memoria de un edificio de 7 pisos y un PH, este último representado por el octavo día o Campo de Resurrección. En su defecto vemos esta escalera que nos permite ver el horizonte.

Sabemos que el edificio es estático, siempre está en el mismo lugar y cada cosa en su lugar, pero sus habitantes si se mueven. En este edificio en particular vamos a tener la particularidad de ir viviendo cada un tiempo en uno de sus pisos (c/quien es habitante de un piso).

Cuando vivimos en el I piso es muy poco lo que podemos ver desde nuestro horizonte y cuando escalamos al II piso ya nuestro panorama es algo más amplio, a medida que vamos subiendo el horizonte se va ampliando de igual forma acontece con nuestra conciencia, paradójicamente esto acontece cuando nos vamos introduciendo en lo más íntimo de lo más íntimo. A medida que vamos subiendo nuestro nivel de percepción, cada vez que nos trasladamos de piso dejamos todo lo anterior y así vamos viendo mundos distintos, los cuales nos da campos de percepción más amplios.

Observamos que el camino es un todo integrado por gradas diferentes pero perfectamente concatenadas entre ellas.

En el 1er piso nos sentimos más seguros, más estables, sentimos que podemos controlar eso que vemoses un campo reducido al que puedo controlar-, si nos detenemos a observarnos podemos creer que estamos viviendo en una zona de confort-*es una ilusión-*.

Si escalamos un peldaño más, de repente podemos tener miedo de ver cosas diferentes a lo que siempre hemos visto. A medida que ascendemos [138] Así nos vamos dando cuenta que todo estaba allí, éramos nosotros, quienes no, nos habíamos dado la oportunidad de una opción diferente. Si somos capaces de dejarnos guiar por el Espíritu iremos cambiando de aptitud para ir adaptándonos a las percepciones diferentes y con mayor amplitud.

Lo ineludible es estar en conciencia además del nivel o campo en que nos encontramos, por ejemplo es mi *¿yo- personalidad* quién está al mando?, ¿me dejo ir por la emoción del momento o creo que es la mente quien manda olvidándome de las cosas del corazón? Y cuando estamos en el corazón- estamos en conciencia si lo que estoy viviendo ¿es de mi persona?, ¿se trata del inconsciente colectivo o es

---

[138] Es importante reconocer que este término *ascender* es controversial. Algunas personas creen que cuando se habla de ascenso es: ---, lo que se consigue en este ascenso es adentrarnos en nosotros mismos, es decir; entrar en nuestro inconsciente para ser más conscientes de nuestra humanidad, es abrirnos al Ser divino que habita en nosotros. Es ser siendo en Cristo.

acaso algo que viene de mis antepasados y aún no ha sido sanado? En conclusión básicamente es: ¿estoy en la personalidad o estoy en el Espíritu? Es algo muy parecido al Discernimiento de espíritus de San Ignacio de Loyola.

Parte III
VIVO SIN VIVIR EN MÍ

Capítulo II
VIVO SIN VIVIR EN MÍ PERSONALIDAD (EGO)

Alma invadida por la Gracia, una vez llegado a los desposorios místicos, a la fusión del alma con Dios, no se esfuerza por alcanzar la meta, sólo se deja ser en el SER es el momento de experiencia mística y vive en una perfecta unión con el Padre.

-Es una manera de decirlo en este lenguaje - en mi sentir no hay palabras, sólo un acercamiento-

Aún no se ha manifestado lo que seremos. (1 Juan 3, 2)

Parte III

Capítulo II

VIVO SIN VIVIR EN MÍ PERSONALIDAD (EGO)

La re-unión del hombre con Dios es no resistirse a su Amor dejando a Dios ser en él; es participar en su plenitud, ésta es la libertad suprema, la realización más perfecta. Los Padres de la Iglesia la llamaron divinización (*theosis*). Esto es ser auto-Cristo-referente, descubrirse místicamente unidos con Dios, que nos eleva y transforma posibilitando el paso a la madurez cristiana, hijos en el Hijo, amados de Dios Padre/Madre.

Ser conscientes de que somos hacedores de nuestra vida, participes de su obra creadora, es una invitación a cambiar de conducta a través de actos atentos, desarrollando la mente contemplativa. Empezaremos entonces a sentir en nuestro cuerpo los síntomas de esta unidad como mensajes del inconsciente. De igual modo, continuamos atentos a nuestro proceder en cuanto a emociones, pensamientos y programas, recuperando así cada vez más, la coherencia emocional que conlleva un sentimiento de paz.

Ya no seremos más la víctima, ni el victimario, ya las percepciones de los acontecimientos experienciados serán diferentes, no es cosa de cambiar el acontecimiento en sí, aunque también es posible cambiarlos, lo más importante es vivirlos de otra manera de acuerdo a una diferente percepción. Así empezaremos a recuperar esa libertad tan anhelada.

La praxis de vivir en *La Presencia* es la vía. *Yo Soy el Camino, la Verdad y la Vida.* (Jn14,6)

Mirar hacia el futuro es hablar de esperanza, fundamentada en los sólidos cimientos del verdadero Amor a la persona humana;

mirada que implica un compromiso con el otro en la creación de un nuevo modelo de sociedad, de civilización de justicia y amor. Sólo cuando tú y yo nos dediquemos a vivir la ayuda, el servicio, la compresión, la aceptación, el respeto para con todos, crearemos ámbitos de convivencia; esta convivencia se hará en la ética del amor; ética liberadora y constructora de esta nueva comunidad humana. El amor y la persona van unidos intrínsecamente. El que hace que el tú sea fuente y no un límite del yo; el otro ya no es un infierno.

Cuando se despierta el Verdadero *Yo Soy* en nosotros, El Emmanuel, somos liberados de muchos de los miedos, ansiedades y preocupaciones que nos afectaban innecesariamente. A medida que nuestro Yo despierte, descubriremos una profunda paz interior que va a revelar y liberar a nuestra Divinidad, por así decirlo, desde las profundidades de nuestro corazón y de nuestra alma, esto lo vamos logrando cada vez que vamos al Vacío con fe, conectándonos con la Verdad en el AMOR. *Es imposible... tener ánimo para cosas grandes, quien no entiende que está favorecido de Dios* (Teresa de Jesús).

Esto hace resonancia con lo descubierto por Rupert Sheldrake, entre las tantas cosas interesantes que describe este científico sobre la morfogenético [139], lo que dice a continuación:

> *Podemos imaginarnos a una estructura de proteína que se está sintetizándose por primera vez y toma una forma específica (campo morfo genético). Todas las proteínas subsecuentes tomaran exactamente la misma forma de la proteína original.*

---

[139] *Morfo* viene de la palabra griega *morphe*, que significa forma. Los campos morfogenéticos son campos de forma; campos, patrones o estructuras de orden. Estos campos organizan no solo los campos de organismos vivos sino también de cristales y moléculas. Cada tipo de molécula, cada proteína por ejemplo, tiene su propio campo mórfico - un campo de hemoglobina, un campo de insulina, etc

De igual forma consideramos que cada vez que tengamos un pensamiento de nuestro renacer, del agua y del Espíritu, cada vez que nos ejercitemos en éste, escribamos o hablemos de ello, este material va tomando forma en nosotros y en todo aquel que nos escuche y de alguna forma este material se va almacenando en el inconsciente colectivo, hasta salir y transformar al resto del mundo, vamos dejando huella al continuar construyendo esta nueva matriz del renacimiento del agua y del Espíritu hasta generar impacto en cada ser humano. *Como es tanta la penuria de los tiempos que hoy pasamos, requiere Dios amigos fuertes para sustentar a los flacos* (Santa Teresa de Jesús).

Una profunda transformación se va dando en todo aquel que ha tomado el Camino que conduce a Dios Padre/ Madre. Trasciende al individuo tomando conciencia de la unión con el Ser Original, como heredero de su Origen. Podemos decir que la contemplación nos lleva a una capacidad de conciencia no dual, alcanzando una mente y un corazón evolucionado y esto se obtiene *dejando ir* cosas del pasado que nos han hecho daño, en cristiano decimos: aprender a perdonar como una forma de vida o lo que trabajamos en el contexto de la metodología asumir el estiércol en forma de combustible, es decir, convertir el problema en una oportunidad. Dejarnos llevar en esta metodología confiadamente es madurar es estar en el querer hacerme uno con Él Uno, armonizar, vivir en dialéctica (proceso de superación de aparentes opuestos por el descubrimiento de una tercera intercesión. La tercera vía no es simplemente una tercera opinión. Es un tercer espacio, un receptáculo de existencias, donde se celebrará la verdad en ambas posiciones sin descartar ninguna de las dos).

No se busca la uniformidad, sino más bien la unidad, lo que implica diferencias. ¡La Unidad creada por el Espíritu se demuestra, en sumo, en los grupos de personas que son diferentes! No se trata de ser conformes.

> *Ahora bien, hay diversidad de dones, pero un mismo Espíritu; Y hay diversidad de ministerios, pero un mismo Señor; y hay diversidad de operaciones, pero es el mismo Dios que obra todo en todos. A cada cual se le otorga la manifestación del Espíritu para provecho común.* (1Cor 12, 4-7)

La palabra usada para esto es *carisma*, un don que Dios da a la persona para su propio bien y el de la comunidad, para construir el Cuerpo de Cristo.

En 1Cor 12, 27-30, Pablo explica que el Cuerpo de Cristo, es en su unión, pero cada uno de nosotros, es una parte diferente de la misma, con diferentes regalos. Luego, en el capítulo 13, dice que el amor es el regalo más grande. Cuando se vive en el amor, en ese *estado de conciencia*, si se quiere, cuando se vive en ese nivel de comunión donde dejamos la vida entrar y dejamos que la vida fluya en Él, en nosotros mismos y en otras personas, estaremos viviendo una vida transformada. Hasta entonces, todo es juego. Esto por sí solo es lo que significa ser y estar en la conciencia de Cristo.

Lo que hacemos en el arte de contemplar es elegir conscientemente: el dejar de lado nuestro ego, el cual determina lo deseable y lo no deseable desde el punto de vista de nuestros intereses. Al dejarlo ir de nuestra mente y de nuestra identificación, podemos caer en cuenta de nuestro único y verdadero ser de la esencia que está *escondida con Cristo en Dios* (Col 3,3).

Llegar a tener una fe consolidada significa que se ha llegado a un alto estado de madurez. Este es el primer paso. Antes de ocuparse de los demás el lector debe asegurarse su progreso personal, no por egoísmo, sino con la conciencia segura y amplia de que, por una parte infinitesimal e incomunicable, cada uno de nosotros tenemos que divinizar al Mundo entero, ¿me siguen la idea? En la fase personal, los conflictos son de naturaleza cognitiva: de pertenencia social, roles y normas. En la fase transpersonal el proceso anterior es superado.

Algunos resultados en el Procesos

Esta forma de comprender nuestra unidad con la divinidad me ha hecho poder trabajar como terapeuta capaz de entablar un diálogo socrático con el cliente como lo diría Ken Wilber.

Ha sido un problema fundamental, en cuanto a terapia se refiere, el no confundir los diferentes niveles en que aparecen las situaciones por resolver. Frecuentemente los terapeutas formados en un estilo convencional tratan todos los conflictos desde lo pre-personal, y del mismo modo los encaminados hacia lo transpersonal generalmente no tratan el nivel pre-teologal. Esto resulta especialmente problemático porque las personas con perturbaciones [140] en el desarrollo temprano del yo se sienten particularmente atraídas por el yoga y las técnicas meditativas. Quieren aprender a renunciar a un yo que todavía no han desarrollado.

Las ideas presentadas en la metodología será para cada uno de sus practicantes el comienzo del resto de la vida en estado de concienciación. De cada uno dependerá encontrar la perla extraviada de que nos habla la Sagrada Biblia. Lo más recomendable es disfrutar el viaje y dejar que la Gracia nos vaya llevando a su encuentro final. Mientras tanto cada estación nos va dando nuevas maneras de percibir y vivir nuestras realidades. Y continuaremos dándonos cuenta que no somos nuestra personalidad ya hemos pasado a ser personas coherentes y cohesivas con la Totalidad y consigo mismos entrando en el misterio de nuestro ser y de nuestra humanidad.

Todo cristiano busca estar en Gracia [141] y es justamente estar en el vacío en donde nos encontramos en verdadera armonía con Dios,

---

[140] Es necesario resaltar que esta metodología es aplicable en aquellas personas llamadas funcionales. Todos los casos de perturbaciones las dejamos en manos de los profesionales de la salud mental.

[141] No estamos hablando de Gracia sacramental, podríamos decir que es Gracia dada.

con nosotros y con el resto de la humanidad, no obstante Jesús dijo: *tus pecados te quedan perdonados* (cf. Mc2, 9-12; Mt 9,5-6; Lc5,20) y la persona sanaba, pues ya sabemos que el estado de mala salud es estar en desarmonía, cuando estamos en el error estamos en desarmonía, estamos lejos del Ser Original.

Sabemos que la palabra sanación tiene el mismo origen etimológico de la palabra santificación. Toda experiencia autentica de Dios nos sitúan en el mundo de una manera diferente. Después de un encuentro con la Presencia, definitivamente comenzamos a ver las cosas de manera diferente, empezamos a experienciar la seguridad de la libertad. Nuestra pantalla de la vida se expande de manera exponencial. Podemos concluir que esta metodología nos da un poder regenerador.

El estar en la Voluntad divina en conciencia, reduce la resistencia y luego vamos interiorizando los procesos descritos, esto hace que se vaya logrando la integración, biológicamente hablando, de los dos hemisferios cerebrales izquierdo y derecho, lo que se manifiesta en la cotidianidad de la vida, actuando de forma satisfactoria y apasionada en todo lo que se hace.

Es un nuevo despertar, todo a nuestro alrededor adquiere un nuevo brillo. Podemos decir que en el ejercicio de cada estación, vamos adquiriendo un perfeccionamiento en nuestra inteligencia corporal, inteligencia emocional e inteligencia mental, haciendo de nosotros individuos autorreferentes desde la conciencia crística, como se dice en otros momentos. Y no se trata de algo mágico, se trata de la toma de conciencia del estado de atención que se nos va convirtiendo en hábito lo cual nos transforma en adultos cristianos, que hemos ido trascendiendo nuestra antigua forma de ser, es decir hemos crecido y seguiremos hasta irnos de este plan físico.

Un instante de Gracia como filosofía de vida -y no sólo como un recurso-, permite atender diferentes dimensiones de la experiencia humana, fundamentalmente a las siguientes áreas:

- **Lo que el cuerpo dice**: miedos, angustia, ansiedad, situaciones de stress.
- **En la vida emocional**: permitir su expresión, acompañar su transformación, dejar ir, emociones retenidas o bloqueadas por muros
- **Transformando la historia de los pensamientos**
- **Desprogramando nuestro historia y la historia heredada**
- **Nos aporta Bienestar y vitalidad**: accediendo a la auténtica existencia…
- **El Espíritu Santo** se introduce en el alma y la Fuente fluye dentro de ella desgajando y expiando viejas capas hasta concebir un nuevo ser, hemos nacido de nuevo (cf. Jn 3).

De tal manera nuestros antecesores en la Fe, los grandes Maestros místicos, nos invitan al silencio, a la contemplación y a centrarnos en Cristo.

Parte III **VIVO SIN VIVIR EN MÍ**

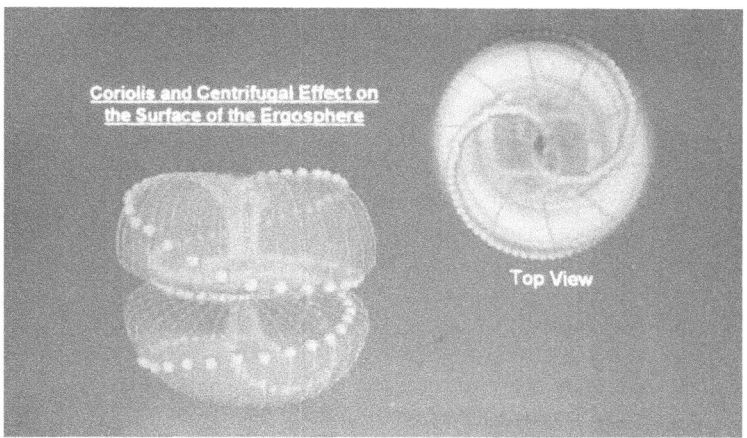

Figura extraída de una conferencia de NASSIM HARAMEIN
La Estructura Del Vacío *- parte 3 de 6- Publicado el 24 oct. 2013 en Youtube*

Me atrevo a confirmar que esto acontece cuando uno entra en el punto cero, si nos encontramos en el escalón 1, en ese momento puedes estar también en cualquiera de los otros pisos, con la diferencia que cuando estamos comenzando el ejercicio no tenemos conciencia de esto, sin embargo, al ir concienciando lo que vamos superando en cada instancia, cada vez que nos ejercitamos en la forma propuesta, iremos asumiendo escalón por escalón.

Sin embargo, cuando ya se ha logrado integrar, sobretodo, los 4 primeros escalones entramos en este toroide y la sensación que se tiene es justamente el movimiento que se observa en esta figura (se recomienda ver el video para observar el movimiento) [142]

En todas estas figuras observamos como las torsiones (*metanoia*) son las que nos llevan a la integración de las polaridades, cualquiera que sean y nos conduce a un estado perfecto de ser -*Sean perfectos como*

....

[142] https://www.youtube.com/watch?v=tYz1S7azdfs

es perfecto el Padre de ustedes que está en el Cielo (Mt 5,48). Entendida la perfección de Dios como la perfección:

> "...que Jesús presenta como modelo para todos consiste en realidad en la compasión, tal como muestra la versión del Sermón del Monte de Lucas, en donde dice: *Sean compasivos como es compasivo el Padre de ustedes* (Lc 6,36). Para mejorar este mundo hay que empezar por tener paciencia y tolerancia con la imperfección. Es preciso *presentar la otra mejilla* (cf. Lc 6,29), acompañar al *otro dos millas* (Mt 5,41), *hacer el bien a quienes nos hacen mal* (cf. Lc 6,35). Esta actitud de compasión es característica de Dios, *que hace salir su sol sobre malos y buenos y manda la lluvia sobre justos e injustos*" (cf. Mt 5,45). [143]

Preguntas que podemos hacernos

¿En mi vida cotidiana, qué beneficios me trae la práctica de este método?

¿Cuál de los portales se me ha hecho más dificultoso? ¿He tomado conciencia del porqué y en que estriba la dificultad? Recordemos que mientras no se resuelva la dificultad, continuaremos topándonos con la misma cosa por resolver.

¿Cuál ha sido mi propósito al ejercitar este método?

¿Estoy viendo que mis propósitos están siendo conseguidos?

Se debe recordar que este ejercicio debe hacerse, *por siempre*, hasta conseguir que esté viviendo en estado presente en la Presencia.

Es muy recomendable llevar un diario con sus secuencias y consecuencias. Nunca con juicio ni con crítica, sólo observar el camino.

....

[143] El Jesucristo Eneagrámico, Transcripción del capítulo 2 del libro: *El Eneagrama. Un camino hacia el autodescubrimiento* Maria Beesing, Robert J. Nogosek, Patrick H. O'Leary, 58. Las citas bíblicas han sido adaptadas de la Biblia del Peregrino de Alonso Schökel.

Es importante compartirlo e invitar a otros a ejercitarse en lo mismo, acordarnos: *Cuando más de uno se reúne en mi nombre allí estaré yo* (Mt18,20). Además, los unos encontraran apoyo en los otros.

A fin de sacar el mayor provecho de la lectura y de los ejercicios es altamente recomendable seguir el plan diario de ejercicios y de hecho practicarlo también en momentos especiales en donde se deben tomar decisiones, o aclarar situaciones difíciles.

¿A qué conclusión he llegado?

Para lograr el encontrarnos en estado de atención debemos meditar, para meditar es necesario: desear estar intrínsecamente conectado con la Fuente Original, con nuestro Padre/Madre quien nos ha creado para vivir en Él, es lo que en cristiano decimos: fuimos creados para ser santos es decir estar sanos.

Ya hemos dicho que etimológicamente estas dos palabras tienen el mismo origen. Tenemos miedo a perder nuestro yo pues nos hemos habituado a él creyendo que eso somos nosotros y resulta que es lo que menos somos, pues hemos dejado de ser nosotros, pues los otros han hecho algo diferente a lo que es nuestro *yo esencial*.

Parte III
VIVO SIN VIVIR EN MÍ

Capítulo III
VINOS NUEVOS EN ODRES NUEVAS

Esta metodología se sitúa en la perspectiva del itinerario integro de ser persona, me refiero a la transformación personal que el Espíritu Santo opera progresivamente en nosotros los hijos en el Hijo. Sin embargo, estamos en una época de *vinos nuevos en odres nuevas* y empezamos a relacionarnos con la eterna novedad, adhiriéndonos a la Esperanza, dejando que sea el Espíritu Santo quien nos mueva de regreso a la Fuente Original, forjándonos como el Hijo, siempre buscando hacer la voluntad de su Padre, es decir alinearnos con su Voluntad, no continuar reproduciendo los esquemas del pasado que calcifican e inmovilizan, convirtiéndonos en estatuas de sal (cf. Gn19,26). Estaremos atentos a la voz del ángel: *Ponte a salvo no mires atrás. No te detengas en la región baja; ponte a salvo en los montes para no perecer* (Gn19,17)

Es interesante observar como el ángel le dice a Lot: *Ponte a salvo no mires atrás. No te detengas en la región baja* (no congelarnos en nuestra personalidad); *ponte a salvo en los montes* (sube, despréndete del pasado) *para no perecer* (Gn19,17). Al observar la totalidad de la figura que estamos trabajando y su contenido, hacemos analogía en la vertical y el vértice superior y podemos ver que en este monte no pereceremos. Somos cristianos porque seguimos a Cristo y siguiendo a Cristo le conocemos; conociéndole observamos que a lo largo de su vida el fue haciendo discernimiento y concienciándose cada vez más como el Hijo de Dios; de la misma forma nosotros debemos avivar la Conciencia Crística como camino de transformación interior.

De tal modo, hoy en día tenemos la sensibilidad particular para abordar la mística en clave de proceso. Lo que nos cohesiona como personas y como hermanos se encuentra en el 4to plano, estación de la templanza y equilibrio, en la conciencia de Cristo. Cuando nos encontremos en el eje de la Verdad o punto de cohesión nos haremos coherentes y cohesivos formando fraternidad.

Entrar en el mundo espiritual provoca la aparición de otras realidades, no perceptibles o menos perceptibles en ambientes densos; se hacen visibles en ambientes sutiles más cercanos al ser del Espíritu. Se puede entrar en este mundo sólo por la no resistencia a la Gracia, lo que significa un gran sí a la voluntad Divina, redundando en mucho gozo y fortaleza para usar los dones y carismas del Espíritu Santo en la comunidad. Cuando estemos experimentando esta realidad (que hemos logrado prácticamente sin darnos cuenta), sucede que de pronto todo cambia a nuestro alrededor; lo que realmente ha sucedido es que hemos sido nosotros los que hemos cambiado: Lo que antes considerábamos importante deja de serlo; lo que producía reacciones más o menos violentas, ya no existe, se ha difuminado. Lo realmente importante es no mesurable, ni tan siquiera tangible.

Nuestra visión del mundo ya empieza a ser otra. Es sólo el principio de un camino que va cambiando todo nuestro ser, algo que se convierte en la necesidad imperiosa de saciar aquello que nos ha conquistado el alma. Este algo empieza a adueñarse de nuestra vida. De repente todo lo que hacemos, decimos y pensamos es desde este nuevo prisma de visión. Aunque iguales que nuestros hermanos de camino, somos ya diferentes, pues nuestros valores son otros.

Esto no significa que estemos entrando en un *espacio-tiempo* sin riesgos o peligros, al igual que al estar en el mundo en el que vivimos, quizás los peligros puedan ser superiores; de igual manera nuestro estado de alerta debe ser superior, pues tal vez nos encontremos con seres, que quieren impedir nuestro avance en sentido vertical, hacia arriba o hacia adentro; pudieran ser una especie de esfinges que cuidan esos portales superiores o puertas más angostas que las anteriores y se valen de todos los trucos y obstáculos a su alcance para no dejarnos entrar. Estos no saben que las dificultades que nos crean sirven, muy a pesar suyo, para que mejoremos en nuestra transformación. Siempre y cuando nos hayamos mantenido alertas a los acontecimientos, [144] haciéndonos estar más cerca del que es Sabio, nos prepara, en definitiva, para entrar por la puerta angosta. [145]

Se trata de ser plenamente conscientes de lo que sucede a nuestro alrededor y dejar de pensar que lo que nos ocurre es fruto de la causalidad. Debemos proponernos empezar a pensar que lo que nos ocurre es fruto de nuestros pensamientos, que interaccionan en el campo de las emociones y más allá de éstas existe un campo invisible, en donde nuestra fuerza emocional es el activador o transductor de la

---

[144] Estén atentos y oren para no caer en la tentación. El Espíritu está dispuesto pero la carne es débil (Mt26,41) ; …y oraba más intensamente. (Cf Lc 22,44-46)

[145] Cf. Por lo demás, hermanos míos, fortaleceos en el Señor, y en el poder de su fuerza. Vestíos de toda la armadura de Dios, para que podáis estar firmes contra las asechanzas del diablo. Porque no tenemos lucha contra sangre y carne, sino contra principados, contra potestades, contra los gobernadores de las tinieblas de este siglo, contra huestes (fuerzas espirituales de maldad en las regiones celestes (Ef 6,10-12).
Como se puede ver, hay una batalla, una lucha entre nosotros y el diablo. No es una pelea contra sangre y carne, es decir contra seres humanos, sino contra principados y potestades y contra gobernadores de oscuridad y huestes espirituales en las regiones celestes.
Afortunadamente, en esta pelea espiritual no estamos desprotegidos, ya que Dios nos ha provisto con una armadura, que si nos ponemos podremos pelear exitosamente. Los versículos 13-18 nos dan una descripción detallada al respecto: *Por tanto, tomad toda la armadura de Dios, para que podáis resistir en el día malo, y habiendo acabado todo, estar firmes. Estad, pues, firmes, ceñidos vuestros lomos con la verdad, y vestidos con la coraza de justicia, y calzados los pies con el apresto del evangelio de la paz. Sobre todo, tomad el escudo de la fe, con que podáis apagar todos los dardos de fuego del maligno. Y tomad el yelmo de la salvación, y la espada del Espíritu, que es la palabra de Dios; orando en todo tiempo con toda oración y súplica en el Espíritu, y velando en ello con toda perseverancia y súplica por todos los santos* (Ef 6,13-18).

información en ondas de posibilidades a estados físicos de la materia. Pensamiento de famosos muy apropiados que confirman esta realidad:

> *Para alcanzar la verdad es necesario, una vez en la vida, desprenderse de todas las ideas recibidas y reconstruir de nuevo y desde los cimientos todo nuestro sistema de pensamiento.*
> René Descartes

> *La capacidad de percibir o de pensar de manera diferente es más importante que el conocimiento adquirido*
> David Bohm

> *Es más fácil romper un átomo que romper una creencia*
> Albert Einstein

¿Podríamos preguntarnos si ya nos encontramos en la posición de ser persona humana divina, para querer continuar en el camino?

Logos de Cristo para reflexionar y confrontarnos en lo que estamos haciendo:

> *Dentro de poco ya no me verán, y poco después me volverán a ver. ...estarán tristes pero esa tristeza se convertirá en gozo.*
> *Les aseguro que todo lo que pidan a mi Padre, él se lo concederá en mi nombre. Hasta ahora no han pedido nada en mi nombre; pidan y recibirán, para que su alegría sea completa. Les he dicho esto en parábolas; pero llega la hora en que ya no les hablaré en parábolas, sino que les hablaré claramente de mi Padre. Aquel día pedirán en mi nombre, y no será necesario que yo pida al Padre por ustedes, ya que el Padre mismo los ama, porque ustedes me han amado y han creído que yo vine de parte de Dios.*
> (Jn 16,16-33)

BIBLIOGRAFÍAS RECOMENDADAS

1. AAVV: *Nuevo Diccionario de Espiritualidad*, S. DE FIORES, T. Goffi y Augusto Guerra Ed. San Pablo, 5ta Ed., Madrid, 2000. DE FIORES, Itinerario espiritual, en Nuevo Diccionario de Espiritualidad, Ed. Paulinas, Madrid, 1983, 737-739

2. ALDER H y HEATHER B., *PNL En Solo 21 Días. Una Completa Introducción con su Programa de Entrenamiento*, EDAF/Psicología y Autoayuda, Madrid, 2000

3. ALFARO J., *De la cuestión del Hombre a la cuestión de Dios*, Ediciones Sígueme, Salamanca, 1988

4. ALMAAS A.H., *Facetas de la Unidad, El Eneagrama de las Ideas Santas*, Edt. La Liebre de Marzo, Barcelona, 2002

5. ALMENDRO, M., *Psicología Transpersonal, Conceptos Claves*, Edc. M. R. S.A., 2004

6. BEESING M. Robert J. Nogosek y O´Leary P. , *Un Camino hacia el autodescubrimiento (El Jesús Eneagrámico)*, Ediciones Narcea, Madrid, España,1993/2006

7. BONET J., *El Diario Intimo. Buceando hacia el Yo Profundo*. Desclée De Brouwer. Serendipity, (2ª ed.), Bilbao, 2001

8. CABALLERO Nicolás, *Energía del vacío, La oración como experiencia total*, EDICEP, Valencia, España, 1989

9. CABARRÚS, C.R, *Crecer bebiendo del propio Pozo*, Desclée De Brouwer, Bilbao, 1998

10. CASTILLO J., *El discernimiento cristiano*, Editorial Sígueme, 1988

11. CASTILLO J., *Espiritualidad para los insatisfechos*, Trotta, Madrid, 2007

12. _____, *La Espiritualidad Cristiana* – Comunitaria, Sígueme, Salamanca, 1987

13. _____, *El Seguimiento de Jesús*, Edt. Sígueme, Salamanca, 1987

14. CURY, AUGUSTO J., *El Maestro de la Emoción*, Ed. Paulinas, Bogotá, 2002

15. _____, *El Maestro de la Vida*, Ed. Paulinas, Bogotá, 2002

16. DOMÍNGUEZ M., Carlos, *Creer después de Freud*, Edc. Paulinas, España, 1992

17. _____, *Experiencia Cristiana y Psicoanálisis*, Sal Terrae, Santander, 2006

18. EMERICK J.J., PNL *Se la Persona que quieres ser, Estrategias concretas para el éxito y el desarrollo personal*, Urano, Barcelona, España, 1998

19. EMPEREUR, J., *El Eneagrama y la dirección espiritual. Nueve caminos para la guía espiritual,* Desclée de Brouwer, Bilbao, 2000.

20. FRANKL, V. *El hombre en busca de sentido.* Ed. Herder, España, 2004

21. HAWKINS DAVID, M.D.,Ph.D. Dejar ir. *El Camino de la Entrega*

22. _____, *El Poder contra la fuerza. Los determinantes ocultos del comportamiento*

23. DE FIORES, STÉFANO - GOFFI, TULLO *Nuevo Diccionario de Espiritualidad."*Paulinas. Madrid. 1983

24. GALILEA, SEGUNDO, *El camino de la espiritualidad*. San Pablo, Bogotá, 1997

25. GRESHAKE G., *El Dios Uno y Trino*, Herder, Barcelona, España, 2001

26. GUERRA A., *Introducción a la Teología Espiritual*, Santo Domingo, 1994

27. GUTIERREZ, GUSTAVO *Beber en su propio pozo* (pedal 173). Sígueme. Salamanca. 1998

28. JASPERS K–BULTMANN, R., *Die Frage der Entmythologisierung*, Munich 1954

29. CASALDÁLIGA, PEDRO -VIGIL, JOSÉ MARíA *Espiritualidad de la Liberación*. (Presencia teológica 71). Sal Terrae. 1992

30. BERNARD, CHARLES ANDRÉ, *Introducción a la Teología espiritual* (Colección Introducción al estudio de la Teología 13) Verbo divino. Estella. 1997

31. CASTILLO, JOSÉ MARíA *Dios y nuestra felicidad*, DDB. Bilbao. 2001

32. CASTILLO, JOSÉ MARíA *El Reino de Dos por la vida y la dignidad de los seres humanos*, DDB. Bilbao. 1999

33. DE VIANA M., DESSIATO M., DE DIEGO L., *El Hombre. Retos, Dimensiones y Trascendencia*, Universidad Católica Andrés Bello, Caracas, 1996

34. FREEMAN L OSB., *Jesús el Maestro Interior. Meditación Cristiana*, Editorial Bonum, Argentina, 2007

35. GARRIDO, JAVIER, *Proceso humano y gracia de Dios* (Pres. teológica 83). Sal Terrae. 1996

36. _____, *El conflicto con Dios hoy* (Pastoral 62). Sal Terrae. 2000

37. _____, *La relación con Jesús hoy* (Pastoral 66). Sal Terrae. 2001

38. _____, *El Camino De Jesús: Relectura De Los Evangelios*, Sal Terrae, 2006

39. _____, *Camino de transformación personal*, Sabiduría Cristiana, Edt. San Pablo, 2008

40. DOMíNGUEZ M., *Experiencia Cristiana y Psicoanálisis*, Sal Terrae, Santander, 2006

41. JUNG,G, *Psicología y Religión*, Editorial Paidós, Buenos Aires, 1949

42. _____, *Arquetipos e Inconsciente Colectivo*, Editorial Paidos, BuenosAires, 1970

43. _____, *Recuerdos, sueños, pensamientos*, Editorial Seix Barral, S.A., Barcelona, 2001

44. _____, *Respuesta a Job*, Fondo de Cultura Económica; Máxico, D.F., 1964

45. _____, *Sincronicidad*; Editorial Sirio, España, Málaga, 1988

46. LEGAUT, M., *El hombre en busca de su Humanidad*, Editores: Valencia: Asociación Iglesia Viva, España, 1991

47. LÓPEZ GALINDO Adrián, *Claves antropológicas para el acompañamiento*, Frontera Hegian n° 23, Vitoria, 1998

48. LUCIANI R, R, *El Misterio de la Diferencia*, Editrice Pontifi ia Università Gregoriana, Roma, 2002

49. _____, *Despertar a la abundancia de la Vida*, Ediciones Paulinas, Caracas, 2000

50. LINN Dennis, LINN Matthew y SHLEMON Bárbara, *Sanar como sanaba Jesús*, Buenos Aires, Argentina Editorial LUMEN 1997

51. LINN Mattew, LINN Dennis, sj y FABRICANT Sheila, *Curso de Oración para sanar las heridas de la vida*, Bogotá Editorial Carrera, 1988

52. LINN Matthew, FABRICANT Sheila y LINN Dennis, *Cómo sanar las ocho etapas de la vida - La curación de los recuerdos por medio de la oración*, México, Editorial Promesa, 2000

53. LOSTADO, D., (Prf. de Filosofía y Psicología), *Ama y haz lo que quieras*, Editorial: Kier. Chile, 2009

54. MARTíN C.M., *En El Principio La Palabra*, Ediciones Paulinas, 1991

55. _____, *Oración y Conversión Intelectual*, Ed.San Pablo, Bogotá, 1994

56. MELLONI, J., *Itinerario hacia una vida en Dios*, Cuadernos EIDES, 30 en http://www.fespinal.com, Noviembre, 2003

57. MERTON, T., *Escritos Esenciales*, Colección el Pozo de Siquem, Editorial Sal Terrae, Santander, 2006

58. MERTON, T., *El Hombre Nuevo*, Editorial Lumen; Argentina, 1998

59. MOIOLI, *Mística cristiana*, en FIORES-GOFFI Nuevo Diccionario de Espiritualidad, Madrid, Paulinas

60. MULLER, Wunibald, *Besar es Orar*, Sal Terrae, 2006

61. NARANJO, C., *Carácter y Neurosis, Una Visión Integradora*, Editorial J-C- SÁEZ, Chile, 2007

62. PALAZZI VON BÜREN, *La Tierra en el Cielo*, Ed. Paulinas ITER, Venezuela-Caracas, 2007

63. PANIKKAR RAIMUNDO, *La Experiencia de Dios*, Editorial PPC. Colección GS - 7

64. _____, De la mística, *Experiencia plena de la vida*, Barcelona, Herder, 2005

65. ROA de SEGOVIA D.M., *Lectura del Eneagrama a la Luz de la Espiritualidad Cristiana en el Proceso de Personalización según Richard Rohr y Javier Garrido G.*, Universidad Católica Andrés Bello, Caracas, 2012

66. ROHR Richard, *La Vida Constante oportunidad de Gracia*, España, 1996

67. _____, *Meditación*;
https://cac.org/;https://cac.org/richard-rohr
https://cac.org/richard-rohr/daily-meditations

68. _____, *La Buena Noticia según San Lucas*, Edt: PPC, Madrid, 1997

69. ROVIRA BELLOSO J.M., *La Teología del Padre* en Scripta Theologica 20, 1988

70. RUIZ SALVADOR F.osd *Caminos del Espíritu* (Compendio de teología espiritual). Editorial de espiritualidad. Madrid. 1974

71. _____, *Caminos del Espíritu*, Triana, Madrid, 1998

72. SECONDÍN, B., *Espiritualidad en Diálogo, Nuevos escenarios de la Experiencia espiritual*, Ed. San Pablo, Madrid, 1999

73. TEILHARD de CHARDIN, *El medio Divino*, Alianza Editorial, 2000

74. _____, *El Fenómeno Humano*, 1955
http://www.bibliotecaespiritual.com/pdf_obras/El%20Fenomeno%20Humano+.pdf

75. _____, *El Corazón de la Materia*, Edt. Sal Terrae España, 2002

76. TYRRELL Bernard, *Cristoterapia, Sanación por medio de la Iluminación*, Ediciones Paulinas, Bogotá Colombia, 1983

77. STEIN Edith, *La Estructura de la Persona Humana*, La BAC, Madrid, 2007

78. _____, *Autorretrato Epistolar* (1916-1942), Ed. De espiritualidad, Madrid, 1996

79. _____, *La Mujer*, Ed. Biblioteca Palabra, 3edc, Madrid, 2001

80. VERGOTE, A. *Psicología religiosa*. Ed. Taurus, Madrid, 1969

81. VALLES C.G.sj., *Saber Escoger. El Arte del Discernimiento*, Ed. Sal Térrea, España, 1986

82. _____, *Autenticidad*, Ed. San Pablo, 1994

MG. DULCE M. ROA

Venezolana, apasionada peregrina constante en el camino interior, siempre buscando recrear nuevos pasajes bajo la luz del faro de Cristo y el compás que brinda la Fuente Original.

Durante largo tiempo se ha desempeñado como Consultora y Formadora Psicoespiritual. En estas actividades ha sido mentora, asesora y consultora en diferentes aspectos de la vida personal, familiar y empresarial, principalmente impulsando al acompañado en el alcance de sus objetivos, brindándole diversas herramientas, entre las principales se encuentra el manejo del Eneagrama de las Personalidades (Claudio Naranjo-Don Richard Riso) generando acciones concretas para su logro, mediante el descubrimiento de sus Personalidades (capacidades, habilidades y potencialidades).

Farmacéutica de la Universidad Santa María, Caracas-Venezuela. Teología para Laicos, Universidad Sta. Rosa, Caracas-Venezuela. Magister en Teología Espiritual, Universidad Católica Andrés Bello, Caracas-Venezuela.

Tesis de Magister: *Lectura del Eneagrama a la Luz de la Espiritualidad Cristiana en el Proceso De Personalización. Según Richard Rohr y Javier Garrido G.*

www.ingramcontent.com/pod-product-compliance
Lightning Source LLC
Chambersburg PA
CBHW060748050426
42449CB00008B/1324